RECHERCHES SUR ELBEUF.

RECHERCHES
SUR ELBEUF.

ESQUISSES OU SILHOUETTES DE SES SEIGNEURS

DE LA

MAISON DE LORRAINE.

Dulcissima mantua!

Par M. Parfait MAILLE

D'ELBEUF.

EN VENTE

CHEZ LES LIBRAIRES DE LA VILLE ET DU DÉPARTEMENT.

1859.

PRÉFACE.

Tout ce qu'on a imprimé sur Elbeuf n'est que fable, fiction, roman, imagination, supposition gratuite, pure invention.

Y rencontre-t-on quelque rare vérité, le faux, où elle se trouve mêlée et confondue, la rend méconnaissable, outre que partout elle est altérée, travestie, défigurée, détorquée, dénaturée et jamais exprimée dans sa simplicité, naïveté, candeur, sincérité, fidélité.

Or qu'est-ce que l'histoire sans vérité, sinon de toutes les jongleries, mystifications, duperies, dérisions, déceptions, la plus indigne?

Se jouer de la bonne foi est, des abus, le plus coupable.

Il faut qu'un auteur ait en tout de bons garants de ses assertions et puisse toujours justifier de ses autorités.

Où il n'existe que le doute et le néant, la probité impose silence et défend d'y substituer des contes en l'air, des visions cornues et des rêveries.

Si l'opuscule qu'on se hasarde à produire au grand jour, est favorablement accueilli, on en publiera les corollaires indispensables, les notions qu'on a sur la ville, les notices de ses premiers seigneurs, les sires d'Harcourt et de Meulan, et les pièces justificatives de l'ouvrage entier.

Autrement ad cineres.

PARFAIT MAILLE.

RECHERCHES SUR ELBEUF.

Esquisses ou silhouettes de ses seigneurs

DE LA MAISON DE LORRAINE.

Dulcissima mantua !

PRÉLIMINAIRE SUR LA MAISON DE LORRAINE.

On n'ignore pas que le domaine d'Elbeuf est entré dans la maison de Lorraine par les femmes, et que cette maison le doit au mariage de Marie d'Harcourt avec Antoine de Vaudemont, neveu du duc alors souverain.

Ce que furent les princes de Lorraine, l'histoire le témoigne assez. Tous furent ambitieux au suprême degré, avides de pouvoir, de richesses et d'honneurs, ne répugnant à rien pour les obtenir, même au dépens de ce qu'il y a de plus sacré au monde, tous furent insatiables, pleins d'orgueil, ne trouvant de sortables pour eux que des alliances royales, tous furent intrigants, séditieux, ingrats, rebelles, semant partout un or corrupteur, trafiquant des places et des emplois, cherchant par tous moyens à se faire des créatures, ne redoutant pas, dans ce but, d'abaisser leur grandeur et de descendre jusqu'à la bassesse, se jetant, afin de se faire craindre, dans toutes les cabales de cour, pour, en rentrant dans le devoir, se faire valoir, et acheter à plus haut prix, spéculant même sur leurs dettes que de jour en jour ils enflaient de plus en plus, leur paiement une fois stipulé par les conditions qu'ils imposaient, trahissant de nouveau les rois qui les avaient reçus en grâce, convoitant jusqu'à leur couronne qu'ils auraient ravie avec plus de promptitude et de résolution.

Soit qu'ils y prétendissent comme descendant des Carlovingiens par les femmes, ou parce que le dernier roi détrôné de cette race déchue était duc de Lorraine, tous les princes lorrains ont rêvé le trône de France, n'en disputant pas moins ceux de Naples, de Hongrie, de Jérusalem, d'Aragon, etc., etc., mais leur songe s'est réalisé en Autriche, empire où ils n'avaient jamais aspiré, et dont le sceptre est encore aujourd'hui dans leurs mains.

Ainsi, malgré tant de brigues nouées, tant de crimes commis à cet égard, au lieu que la Lorraine ait dominé la France, c'est la France qui a absorbé la Lorraine; voilà comme la fortune se joue des destinées humaines.

Les rois qui avaient élevé les Lorrains avaient fini par en concevoir des alarmes, au point qu'un roi, aussi puissant que François Ier, recommandait à ses successeurs de se prémunir contre eux, si non qu'ils mettraient ses enfants en chemise, prédiction qui a été bien près de s'accomplir.

Henri II, son fils, loin de déférer à ses avis, les mit sur le pinacle, et, après lui, François II les fit rois avec lui.

Sous ce monarque-enfant, ce sont eux qui régnèrent en effet avec Marie Stuart, leur nièce; il était plus dangereux de les offenser que le roi lui-même.

On sait ce qu'ils firent et devinrent depuis, leurs séductions, leurs attentats, leurs factions, leurs révoltes, leur puissance, leur domination, leurs impostures généalogiques, ces fameux stemmata qu'ils furent pourtant obligés de désavouer honteusement.

Ils auraient fondé une dynastie en France, si leurs divisions intestines ne l'eussent empêché.

Les plus grands obstacles à ce vaste dessein vinrent d'eux-mêmes.

Tous, entre eux, rivaux et concurrents, ils se supplantaient, se décriaient, se détruisaient les uns les autres.

Celui pour qui la balance semblait pencher voyait toute sa famille se liguer contre lui, réunir tous ses efforts pour arrêter son essor ou rabattre son vol.

Aucun d'eux ne voulait d'égal ni de supérieur, mais seul posséder l'empire.

Leur jalousie était telle qu'un Bourbon qu'ils détestaient leur semblait préférable à tout prince de leur sang, à moins que ce prince ne fut eux-mêmes.

Ce fut le duc de Guise qui empêcha Mayenne, son oncle, d'être roi ; ce fut Mayenne qui fit échouer tous ses neveux, même le duc de Nemours que d'abord il voulait faire couronner avec l'infante, et qu'ensuite, par une émeute, il fit chasser de Lyon, où il visait à se créer une principauté indépendante, comme le duc d'Elbeuf en Bourgogne.

Le croirait-on ! C'est ce même duc de Mayenne qui fut cause, à Blois, de l'assassinat de son frère que plus tard il prétendit venger, vengeance qui n'était qu'un prétexte pour se frayer un passage à la royauté, et se substituer à la victime qu'il avait sacrifiée.

Ce sont ses avis et ceux de Mademoiselle d'Elbeuf qui poussèrent Henri III au crime, en l'excitant contre le duc de Guise, et l'effrayant de ses entreprises et de ses projets.

Les princes lorrains n'en étaient pas à leur coup d'essai, pour en venir à leurs fins, sans qu'un meurtre à commettre pût les en détourner.

L'histoire les avait déjà accusés de la mort violente du duc d'Enghien ; elle a, plus tard, fait peser sur leur mémoire le sort qu'ils ménageaient au prince de Condé et la triste fin de Madame Henriette d'Angleterre.

L'esprit qui les anima pendant la Ligue fut le même dans tous les temps.

Leurs étendards représentaient la couronne de France, renversée par la foudre, avec cette légende :

FLAMMA METUENDA TYRANNIS.

ou bien une guirlande de lys, qu'une épée tranchait par le milieu, avec ces mots :

ILLAM DABIT ULTIO MESSEM.

L'orgueil leur avait fait prendre, pour emblême, un aigle fixant le soleil ; le même orgueil faisait qu'ils scellaien en or comme les empereurs.

Sous l'administration du cardinal de Richelieu qui en exila plusieurs, morts expatriés, ils osèrent encore mettre leurs armes au-dessus des armes royales.

Sous Louis XIV, comblés de ses bienfaits, ils ne craignaient pas de demander du sang Bourbon, pour réparer un prétendu affront fait au sang de Lorraine ; jusque dans les salons de Marly ne leur échappait-il pas de s'écrier, en parlant de celle du roi : Maudite famille, nous seras-tu donc toujours fatale !

Un seul d'entr'eux, François de Guise, montra une véritable noblesse d'âme et de cœur, quand, au siége de Rouen sous le fer d'un assassin, il lui disait :

Des dieux que nous servons connais la différence :
Le tien t'a commandé le meurtre, la vengeance ;
Et le mien, quand ton bras vient de me poignarder,
M'ordonne de te plaindre et de te pardonner.

Quoiqu'ayant combattu Philippe-Auguste et Saint-Louis, sinon ennemis des premiers Capétiens, du moins sans alliances avec eux, les princes lorrains ne fréquentèrent et ne courtisèrent que leurs héritiers.

Leur intrusion en France où ils vinrent tenter fortune, briguer la faveur, chercher charges, grades et dignités, date de Philippe de Valois, dont un duc de Lorraine, Raoul, épousa la nièce, comtesse de Blois.

Depuis cette époque, ils n'ont guère quitté la cour de France, y résidant souvent, y jouant tous les rôles, sollicitant ou gouvernant, tantôt humbles comme des courtisans qui attendent tout d'un regard du maître, tantôt s'armant contre ce maître, soit pour le renverser, soit pour le rançonner.

Si plusieurs ont, par leur ambition, troublé la France, plusieurs aussi l'ont servie, et ont versé leur sang pour elle.

Crécy, Poitiers, Azincourt, Marignan, Pavie, Naples, virent périr des princes lorrains dans les rangs français; d'autres plus heureux, triomphèrent avec nous à Rosebech, Courtrai, Patay, Formigny, Taillebourg, Agnadel, Renti, et à Calais, un de leurs trophées.

Tels furent en général les princes lorrains, dont ne dérogèrent pas ceux d'Elbeuf, cadets dignes de leurs aînés, comme nous le verrons.

ANTOINE DE LORRAINE, BARON D'ELBEUF.

Le premier baron d'Elbeuf, du sang lorrain, fut Antoine de Vaudemont, né en 1392, marié, en 1417, à Marie d'Harcourt, héritière de la baronnie d'Elbeuf.

L'époque de la mort d'Antoine paraît incertaine; on la place tantôt et plus vraisemblablement en 1447, tantôt en 1454, tantôt en 1457.

Il naquit en France par suite d'une circonstance singulière.

Son père, Ferry, chargé par son frère Charles, duc régnant de Lorraine, de lui demander une femme en mariage, parla pour lui, et supplanta son frère qui toutefois ne s'en fâcha pas par la tendresse qu'il lui portait.

Devenu ainsi époux de la baronne de Joinville, il se fixa en France où il avait lui-même vu le jour, se dévoua à son service et mourut pour elle à Azincourt, en 1415.

Antoine, son fils, fut élevé à la cour de Charles VI, et, à l'exemple du duc Charles, son oncle, devint ennemi des Armagnacs et grand zélateur des Bourguignons.

Cette ferveur pour la faction de Bourgogne donna lieu à une scène patriotique, qui vaut bien être mentionnée.

Coupable de félonie envers son suzerain, le duc Charles fut, un jour, amené par le duc de Bourgogne lui-même, son protecteur, devant le roi, pour être absous de sa trahison.

Le duc de Bourgogne lui avait fait espérer sa grâce, et ne doutait pas, dans sa puissance, de l'obtenir.

Mais, au nom du parlement averti, le fameux Juvénal des Ursins réclama, et supplia le roi de laisser la justice suivre son cours.

Menacé alors par le duc de Bourgogne, Juvénal en appela aux courtisans présents, et s'adressant à eux : « Que tous les bons Français, dit-il, passent de mon côté, et les partisans du duc de Lorraine du sien ! »

Aussitôt tout le monde se range du côté de Juvénal, et le duc de Bourgogne, lui-même, obéissant à l'impulsion générale, quitte le duc de Lorraine resté seul et confondu.

Ce duc de Lorraine épousa depuis la sœur de l'infâme Isabeau de Bavière, servit constamment, au préjudice des intérêts de la France, les passions de cette indigne reine, aussi mauvaise mère qu'épouse méprisable, et dut, à sa faveur, le titre de connétable qu'une destitution lui enleva bientôt.

Après avoir contribué aux troubles de la France, il en fit naître en Lorraine.

N'ayant que des filles et voulant assurer son duché à un de ses enfants, il en désigna une, Isabelle, pour lui succéder, au mépris de la loi salique, et lui donna, pour soutenir ses prétentions, un époux dans la personne de Réné d'Anjou, qui, possesseur du duché de Bar, le réunit alors à la Lorraine, à son grand avantage, ce qui fit généralement applaudir aux dispositions adoptées par le duc Charles, et sanctionnées par les pouvoirs et les États du pays.

Il n'y eut de mécontents qu'Antoine de Vaudemont et ses amis, Antoine, légitime et seul héritier direct de la Lorraine, comme fief masculin, Antoine, frustré dans ses espérances et lèsé dans ses droits.

A la mort de Charles, Réné bien secondé se mit en possession du duché aux acclamations presqu'universelles, reçut tous les hommages et fut partout reconnu pour souverain.

Cependant Antoine ne s'oubliait pas.

Après avoir fait signifier, à la douairière et aux Etats, ses prétentions à la principauté, il se présenta devant Nancy, bien accompagné, pour y être reçu comme seigneur, soutenant que les filles n'héritaient pas en Lorraine, et qu'il était le vrai successeur du mort.

Mais le conseil et les Etats, gagnés par Réné, et de longue main préparés par son prédécesseur, firent une réponse équivoque, qui indigna Antoine, et lui fit jurer par son âme, qu'avant peu le fer ferait triompher ses droits : aussitôt il quitte les armes de Vaudemont et prend celles de Lorraine, se qualifie de duc, et vole en Flandre pour réclamer du duc de Bourgogne des secours qu'il obtient.

En ce moment assemblés, les Etats de cette dernière contrée, redoutant un voisin aussi puissant que le deviendrait le futur roi de Sicile, votèrent à l'envi des subsides, pour aider son rival, et en commirent le soin au maréchal de Toulongeon, leur président, et en possession de la confiance de leur seigneur.

De son côté, Réné avait imploré l'assistance du roi de France, et un de ses lieutenants, l'intrépide Barbazan, arrivait avec des troupes, pour combattre en sa faveur.

Rassuré par ce renfort, il envoie à l'instant sommer Antoine de lui prêter foi et hommage, et, sur son refus, court assiéger Vaudemont, ville capitale de ses domaines.

A cette nouvelle, Antoine et Toulongeon réunissent leurs soldats, et s'avancent pour faire lever le siége entrepris, mais Réné les prévient, et, accourant à leur rencontre, leur barre jusqu'au chemin de la retraite.

Une entrevue qu'eurent les deux compétiteurs ne fit qu'envenimer leur querelle.

Quoiqu'établi dans une enceinte palissadée, terrassée, fortement retranchée, Antoine se trouvait dans une situation périlleuse ; le retour lui était coupé, les vivres allaient lui manquer, et déjà Toulongeon parlait de décamper, quand arrivèrent, selon l'usage, les défis de Réné.

On répondit qu'on était prêt; le combat était pour Antoine la chance la plus désirée et la plus favorable.

Ce fut alors que s'embrassèrent ceux qui avaient inimitié et ressentiment, et qu'Antoine courut, de rang en rang, attester la justice et la bonté de sa cause, et prendre tous et chacun à témoin de la spoliation dont on voulait le rendre victime.

Barbazan, voyant la bonne contenance des ennemis, était, comme les sages de l'armée, d'avis de ne pas tenter la fortune, de ne pas assaillir des retranchements qui coûteraient trop de sang à emporter, d'attendre tout du temps qui militait contre Antoine et le livrerait à discrétion, mais René cédant à un emportement inconsidéré, se fiant trop à sa supériorité numérique, n'écoutant que la présomption d'une jeunesse inexpérimentée, quitta un excellent poste qu'il tenait, et donna le signal d'une attaque téméraire.

Au lieu de leur prêter l'oreille, que ne faisait-il taire de jeunes imprudents assez fous pour crier : Il n'y en a pas pour nos pages; on ne s'expose pas au soleil quand on craint son ombre; nous les forcerons du premier choc; il ne faut pas aller au bois, quand on a peur des feuilles!

Ces étourdis allaient jusqu'à insulter au courage de l'illustre Barbazan qui se contenta de leur répondre : On verra si la crainte ou la prudence me conseille, et qui a du cœur ou du babil.

En effet les jeunes fanfarons ne furent pas les derniers à chercher leur sûreté hors de la mêlée.

La vaillance de Barbazan au contraire ne fut que trop attestée par sa mort.

L'affaire ne fut pas longtemps indécise ; les bandes de Réné échouèrent à l'attaque des retranchements d'Antoine.

Mitraillées par l'artillerie, décimées par les arbalétriers qui bordaient les retranchements, écrasées ensuite par la gendarmerie qui fondit sur elles, le découragement ne tarda pas à s'y répandre; la débandade s'en suivit, puis une déroute précipitée.

Réné reçut trois blessures et fut pris.

Antoine, après avoir bravement fait son devoir de capitaine et de soldat, après avoir ordonné du sort de son adversaire, se mit à la poursuite des fuyards pendant deux jours qui devinrent sa perte.

Ironie des choses humaines!

La fuite de ses ennemis fut aussi fatale à Antoine qu'auraient pu lui être funestes leur sagesse et leur valeur.

Acharné à les atteindre, dans le temps qu'il galoppait après eux, pendant son absence, le maréchal de Toulongeon lui enleva tout le fruit de la victoire de Bullegneville, en lui ravissant son prisonnier que ses gens emmenèrent avec eux, se faisant, tous, gloire et fête de le livrer au duc de Bourgogne qui en effet ne fut pas peu satisfait de tenir Réné entre ses mains.

Antoine eut beau le réclamer depuis, il ne put jamais l'obtenir du duc de Bourgogne qui, le déclarant de bonne prise pour lui, en sut tirer une forte rançon.

Ainsi frustré du prix de son triomphe, abandonné en outré des Bourguignons offensés de ses réclamations, délaissé par ses autres alliés, Antoine vit ses espérances s'évanouir et la fortune lui échapper au moment où il venait de la saisir.

En effet, dénué de forces, Antoine ne put faire prévaloir ses prétentions contre les partisans de Réné, et fut dans l'impossibilité de triompher de leur résistance : le conseil et la régence de Lorraine surent toujours rendre vains ses plus grands efforts.

Cette impuissance amena plusieurs trèves pendant lesquelles la lutte subit bien des phases et des alternatives.

Renvoyée d'abord devant des arbitres inhabiles, puis jugée par l'empereur qui, d'accord avec le concile de Bâle, prononça en faveur de Réné, soumise ensuite au duc de Bourgogne infructueusement, remise, de nouveau et sans succès, au sort des armes, tranchée par le roi de France qui imposa une transaction et s'ēn rendit garant, la contestation enfin se termina par un mariage conseillé par le duc de Bourgogne, et célébré en 1444, entre Ferry, fils d'Antoine, et Yolande, fille de Réné, mariage qui, par évènement, fit rentrer la couronne ducale dans la ligne masculine, et répara la lésion faite à Antoine.

Ainsi le duché, sorti, par les femmes, de la famille de Lorraine, pour passer dans celle d'Anjou, y revint par les femmes : Yolande renoua la chaîne rompue par Isabelle.

On ne peut s'empêcher ici de remarquer l'incertitude et l'instabilité qui règnent en ce monde.

La querelle qui remuait la Lorraine, était absolument

la même que celle qui venait d'agiter la Bretagne, et la solution fut entièrement différente, le résultat tout-à-fait contraire dans les deux pays.

La loi salique succomba en Lorraine, et l'emporta en Bretagne. Bien en deçà, mal au delà, misère !

La paix rétablie, après avoir été serviteur du duc de Bourgogne, un de ses ambassadeurs au congrès d'Arras, Antoine n'eut plus de démêlés qu'avec lui.

Renvoyés par Charles VII, devant le parlement de Paris, ils s'y disputèrent la rançon du malheureux René. Le duc de Bourgogne n'en eut pas moins la part du lion.

C'est dans ce temps qu'Antoine réunit ses troupes à celles de Charles VII, et le suivit au siège de Pontoise.

La place fut emportée d'assaut, sans qu'aux côtés du roi qui, un des premiers, escalada les remparts, il ait eu le bonheur d'y contribuer, par suite d'un départ trop précipité et qui ne prouvait pas en faveur de son zèle pour la France.

Les historiens nous ont laissé de lui un portrait très flatteur.

L'un, le plus laconique, dit qu'il était hardi, excellent en esprit, stature, beauté de corps, persévérant au travail de guerre, toujours victorieux.

Un autre s'étend d'avantage sur ses belles qualités, et le peint comme un prince de valeur et de courage, passionné pour la gloire, très habile dans l'art militaire, grand et bien fait de corps, d'un port grave et majestueux, infatigable à la tête d'une armée, intrépide dans les travaux, constant dans ses entreprises, ami de la droiture et de la justice, d'un commandement ferme, sans en être moins sensible aux souffrances humaines, héros, dit-il en terminant, qui se trouva à huit batailles, et qui eut la fortune de n'être jamais vaincu.

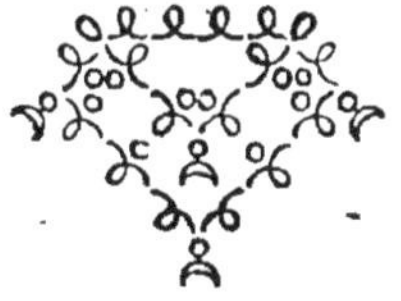

MARIE D'HARCOURT ET SON FILS JEAN D'HARCOURT.

Après la mort de son époux, de valeureuse mémoire, Marie d'Harcourt exerça tout le pouvoir féodal de la baronnie d'Elbeuf, conjointement avec son second fils, Jean de Lorraine-Harcourt.

Née en 1398, mariée en 1417, à la veille du massacre des Armagnacs, Marie d'Harcourt vécut dans le siècle des femmes fortes et guerrières, des Jeanne de Blois, Jeanne de Montfort, Jeanne d'Arc, Jeanne Hachette, des Marguerite d'Anjou, et se montra digne d'elles.

Elle eut même dans l'épouse de René, compétiteur de son mari, une rivale capable de lui tenir tête. Elles luttèrent ensemble de courage et d'énergie pour la cause qu'elles défendaient.

Isabelle, selon l'histoire, avait le talent de diriger des troupes et d'administrer un royaume; elle sut, pendant la captivité de son époux, lui conserver la Lorraine, et le mettre en possession du royaume de Naples, dont l'héritage lui échut dans le temps qu'il était prisonnier du duc de Bourgogne.

Pour cette dernière expédition, elle ne craignit pas de s'embarquer avec ses chevaliers pour des bords lointains et étrangers, et d'aller affronter, ayant à sa suite ses enfants en bas âge, les périls qu'entraînait une entreprise telle qu'un royaume à disputer et recouvrer.

Quant à Marie d'Harcourt, lorsqu'éclatèrent les hostilités pour la succession au duché de Lorraine, elle fit parvenir à son mari tous les avis qui intéressaient ses prétentions; elle lui ramassa des soldats, les rassembla dans sa principauté de Joinville, et trouva moyen de les faire rejoindre son armée, et aller avec lui triompher à Bullegneville. Bien plus, apprenant, pendant la durée de la guerre, que ses ennemis, profitant de l'éloignement de son époux, assiégent Vaudemont, capitale de sa seigneurie, et que cette ville est sur le point de succomber, elle fait aussitôt armer vassaux, amis et alliés, et, sans égard à l'état critique d'un nouvel accouchement, elle sort de son lit; court se précipiter sur les assiégeants, les pousse vigoureusement, et remporte sur eux une insigne victoire qui délivre la place aux abois.

Marie résida en Lorraine pendant toute l'existence d'Antoine; elle avait quitté la France en 1418, l'année de la prise d'Harcourt par les Anglais, et elle n'y rentra qu'en 1449, époque où le même château fut repris par les Français, sous la conduite de Dunois et de Jean de Lorraine-Harcourt, second fils de notre héroïne, et au début de sa carrière militaire; elle assistait encore à Nancy, en 1444 et 1445, aux mariages de Marguerite d'Anjou avec le roi d'Angleterre, et d'Yolande avec Ferry, son aîné, et s'y montrait parée de ses belles grâces, et des plus riches accoutrements en soieries, toiles d'or et d'argent.

De retour dans sa patrie où elle passa son veuvage, sa vie fut troublée par la disgrâce que son fils, Jean de Lorraine, encourut et qu'elle partagea avec lui, à la suite des événements du Mont-Sainte-Catherine-lès-Rouen, et des altercations entre les ducs de Bretagne et de Normandie.

On a d'elle une lettre qui prouve qu'elle fut exilée à Elbeuf, lieu dont nous nous occupons, lieu sans défense, lieu où elle était à la discrétion de Louis XI à qui s'adresse la lettre mentionnée et que voici, datée d'Elbeuf le 27 novembre 1466.

Cette lettre montre en outre à quel point d'abaissement étaient réduits les grands du royaume par celui qui avait mis les rois hors de page.

« Marie écrit au roi qu'elle avait appris, par son fils,
« Vaudemont, comme il lui faisait la grâce qu'elle put re-
« tourner en sa comté d'Harcourt, dont elle le remerciait
« très-humblement, cette princesse ayant une passion ex-
« trême pour tout ce qui touchait son nom, et pour le pays
« de sa naissance et de son origine, ajoutant, par sa lettre,

« qu'elle envoyait au roi, la cédule qu'il désirait d'elle, et « qu'elle était prête d'accomplir ses volontés, étant sa très-« humble et très-obéissante sujette, Marie, ce qui est la « souscription d'une personne souveraine et d'une grande « princesse, et au-dessous était écrit :

« Au roi, son souverain seigneur.

« Et, sur le dos de la lettre qui est enregistrée, se trou-« ve écrit que le serment de fidélité de la comtesse de Vau-« demont avait été reçu à Orléans le 14 décembre 1466.

« Puis suit le serment tout entier :

« Comme cette princesse, Marie d'Harcourt, qualifiée « comtesse de Vaudemont et d'Harcourt, promettait au roi « que toutes fois et quantes qu'elle aurait connaissance de « choses qui toucheraient sa personne, ou qui se trouve-« raient au préjudice du royaume, qu'elle l'en avertirait.

« Fait le vingt-septième jour de novembre 1466. Signé : « Marie.

« Et son fils, Ferry de Lorraine, écrivant au roi par un « même, sa lettre datée d'Elbeuf le 10 février même an-« née, l'année commençant à Pâques, que, comme il avait « plu à Sa Majesté lui ordonner au Pont-Audemer d'écrire « à Madame sa mère, ainsi qu'il s'en était acquitté, et qu'il « lui en envoyerait la réponse, étant écrit sur cette lettre « que le roi avait reçu le serment de Monsieur de Vaude-« mont le onzième février 1466. »

Après une pareille lettre comment prétendre que Marie d'Harcourt habitait Elbeuf?

Elle y séjourna forcément, mais elle n'y résidait pas.

Il est clair que c'est Harcourt qui, avec raison, avait toutes ses affections et toutes ses sympathies, « Harcourt qui « touchait son nom, Harcourt, pays de sa naissance, de son « origine, Harcourt où elle était en sûreté dans des rem- « parts, Harcourt où était le trésor de ses chartes, Harcourt, « château puissant, très fort et très beau, contenant des « richesses merveilleusement grandes de toutes choses ap- « partenant à un prince, Harcourt, siège de sa domination. »

Les chroniques en ont-elles jamais dit autant d'Elbeuf?

Son manoir n'était qu'une chaumière en comparaison du château d'Harcourt détruit par Henri IV.

Voici quelle était la dot d'une princesse, à l'époque de Marie d'Harcourt : Elle dota sa petite-fille de Lorraine de vingt-cinq mille écus d'or, et de trois mille livres de rente, en la mariant.

Dans l'hommage rendu au roi par Marie d'Harcourt entre les mains de Louis d'Estouteville, sénéchal de Normandie, à cause des fiefs des cours Dubosc et du Moustier, de la Rivière Bourdet, de la Forestière et de Goupillières, il est à remarquer que le tout était mouvant de la vicomté de Beaumont-le-Roger par lettres données à Elbeuf en 1465.

Après avoir eu le chagrin de voir tous ses enfants descendre dans la tombe avant elle, Marie mourut elle-même en 1496, à Harcourt où elle est inhumée.

Son testament, rédigé en 1475, contient quelques particularités curieuses relativement à Elbeuf.

Elle lègue, pour trois annuels, à trois églises, Notre-Dame du Parc d'Harcourt, Saint-Louis de la Saussaie e Saint-Jean d'Elbeuf, trente écus d'or, dix écus par annuel ; elle en attribue autant à Saint-Etienne d'Elbeuf.

De plus, elle donne vingt écus au trésor et à la fabrique de Saint-Jean.

On a écrit que c'était à titre de paroisse que Saint-Jean avait reçu davantage.

Dans ce cas, l'église d'Harcourt, véritable paroisse de Marie, aurait eu à se plaindre.

Il est probable que les vingt écus accordés de plus à Saint Jean, lui étaient dévolus pour aider à la reconstruction de l'église alors inachevée, d'autant mieux que la donation ne regarde pas le curé et est faite au trésor et à la fabrique.

La vraie privilégiée de Marie, c'est la collégiale de la Saussaye ; elle y fonde un obit, et ajoute cent écus pour ornements de deuil, en sus de dons déjà effectués, tels que les bénéfices de Bosc-Guérard, et une des prébendes du Neubourg dont elle possédait la baronnie en partie.

On a publié que rien ne témoignait qu'elle eut concouru, par ses libéralités, à la réédification de Saint-Jean, tandis que celles de son secrétaire, Leroux, paraissaient multipliées.

Il serait d'autant plus extraordinaire qu'elle n'eut pas contribué pour Saint-Jean qu'à cette époque elle était confinée à Elbeuf, et qu'elle y vivait.

Il est plus que vraisemblable que les générosités de Leroux, s'il en a fait dans le temps, n'étaient en effet que celles de Marie.

D'abord il n'est pas croyable que Leroux, par sa munificence, eût osé faire honte à la ladrerie de sa dame, de sa souveraine, de sa bienfaitrice, et, pour ainsi dire, la braver.

Ensuite la famille de Leroux, devenue si puissante, était

alors à l'état de domesticité ; cet état contraste avec tant de largesses et les infirme.

Leroux, quoique vicomte d'Elbeuf, secrétaire et intendant, ne passe dans le testament qu'après le clerc de cuisine, le cuisinier, la femme de cuisine, le charretier, le cocher et le valet de chambre ; sa part, dans les donations, est de deux cents écus, puis il a cinquante écus, comme exécuteur testamentaire, et partie des meubles et tapisseries. Voilà ses rémunérations.

Est-ce beaucoup ? c'est une preuve que sa fortune n'était pas magnifique.

Est-ce peu? c'est un témoignage de l'infériorité de ses fonctions aussi peu élevées que rétribuées.

C'est de toutes façons impossibilité de présents nombreux et considérables.

En résumé, si sa châtelaine s'abstenait, Leroux n'a pas pu se montrer se montrer, en sa présence surtout, plus religieux et plus libéral qu'elle, ou ses offrandes n'ont été en réalité que les bienfaits cachés de Marie elle-même dont il était serviteur, et des volontés de laquelle il ne pouvait être que le ministre, et jamais le censeur d'aucune manière.

Marie déclarait, à la fin de son testament, posséder quatre cents marcs de vaisselle d'argent, et quatorze mille écus d'or au coin du roi.

Ces richesses furent recueillies par son petit-fils, René II, et lui servirent à reconquérir la couronne ducale de Lorraine.

Venons-en maintenant à Jean d'Harcourt, second fils de Marie, et qui, pendant toute sa vie, partagea avec elle pouvoirs, titres et domaines. Il vit le jour en Lorraine, y resta jusqu'à vingt-cinq ans, et ne revint en France avec sa mère qu'en 1449, après la mort de son père. Il fit ses premières armes, avec le célèbre Dunois, au siège d'Harcourt, et eut le bonheur de contribuer à reprendre le château de ses pères, victoire pour lui non moins profitable qu'honorable.

Il se trouva ensuite au siège de Rouen, aida aussi à s'en emparer, s'illustra à la bataille de Formigny, coopéra à la réduction de la Basse-Normandie, et à la purger des Anglais.

Ses services lui valurent d'être nommé capitaine de Granville.

Il combattit plus tard en Guyenne, et Taillebourg fut témoin de ses prouesses.

Il en fut récompensé par le gouvernement d'Anjou.

En 1461, il assista au sacre de Louis XI dont le règne devait lui être si funeste.

Voici ce qui lui arriva :

Les hommes se croyant toujours d'autant plus grands que leurs maîtres sont plus petits, les Normands, depuis leur réunion à la France, avaient toujours regretté leurs ducs, et gémi d'avoir affaire à un roi qui leur plaisait d'autant moins qu'il était plus puissant.

Sans cesse ils désiraient faire un État à part, avoir un prince à eux, un duc, une cour dans leur pays.

L'occasion s'en étant présentée sous le règne de Louis XI, par suite du grand nombre de mécontents ligués et armés contre lui, ils l'avaient saisie, et avaient introduit, dans les murs de Rouen, le duc de Bourbon qui en avait pris possession au nom du duc de Berry à qui aussitôt chacun avait prêté serment comme duc de Normandie.

Cette défection, jointe aux embarras qui alors assiégeaient Louis XI, le força de sanctionner les vœux des Normands, et de donner leur duché à son frère, Charles, précédemment duc de Berry, dont les désirs concordaient parfaitement avec ceux des Normands.

Malheureusement pour eux, parvenus au comble de leurs souhaits, les choses changèrent de face en un clin-d'œil.

Après le traité de Conflans, qui termina la guerre du bien public, le duc Charles s'achemina vers Rouen, pour se faire reconnaître dans son nouvel apanage; il était accompagné du duc de Bretagne, soit dans des vues intéressées, soit pour lui faire honneur.

Quoi qu'il en soit, à peine en route, les deux princes entrèrent en contestation.

Les uns prétendent que la Bretagne retombant à l'état d'arrière fief, par suite de la translation que le roi avait faite à son frère de l'hommage qu'elle devait à la Normandie, ce changement, par ses résultats, avait amené la querelle, et inspiré, au duc de Bretagne, le projet de gouverner en Normandie, d'y disposer des offices, de profiter de la faiblesse du nouveau duc pour le mettre en tutelle, ou de se saisir de lui et de l'emmener à Rennes.

Les autres pensent que le débat eut lieu entre ceux qui voulaient les places et ceux qui les possédaient, entre les nouveaux venus et les anciens pourvus, entre les prétendants et les occupants, entre les Bretons et les Normands, entre ces deux nations rivales et cette foule avide de vampires qui suivaient les deux princes dans le but d'accaparer emplois, charges, bénéfices, et d'en faire curée complète.

Quel qu'ait été le motif du démêlé, la discorde ne fit que s'accroître en arrivant au fort Sainte Catherine où logèrent les ducs de Bretagne et de Berry pendant les préparatifs de leur entrée solennelle à Rouen, si bien que Jean de Lorraine, sire d'Harcourt, inquiet de la dignité de maréchal, c'est-à-dire de commandant des troupes en Normandie, dignité à laquelle il tenait, courut à l'hôtel-de-ville crier alarme, assurer aux bourgeois que leur nouveau duc était menacé et que sa liberté était exposée.

A l'instant on prend les armes, on se porte en force au mont Sainte-Catherine, et, malgré le duc de Bretagne qui refusait d'ouvrir, on s'empare du duc de Normandie, on le fait, sans autre vêtement qu'une robe de velours noir, monter un cheval sans housse, et, sans plus de cérémonie, on le conduit à Notre-Dame où se chante un Te Deum, puis au château du vieux Palais, et enfin à l'hôtel-de-ville où il épouse la Normandie et reçoit l'anneau ducal.

Cette inauguration fut le triomphe de la famille d'Harcourt, mais il fut court.

Eclipsée à la cour de France, elle était fière de tenir le premier rang à celle du nouveau souverain.

C'était Louis d'Harcourt, patriarche de Jérusalem, qui lui avait chanté la messe et qui avait reçu ses serments, c'est un d'Harcourt-Tancarville, connétable-héréditai de Normandie, qui lui avait ceint l'épée ; c'était enfin Jean de Lorraine-Harcourt, maréchal héréditai de même, qui lui avait présenté l'étendard ducal.

Toutes les démonstrations qui venaient d'avoir lieu ayant déconcerté le duc de Bretagne, il s'était furtivement retiré à Caen.

Il était à peine parti que Louis XI qui avait réussi à le détacher des intérêts du duc Charles, arriva pour mettre fin à son règne à peine commencé.

Sa venue le fit aussitôt fuir à Honfleur, et ensuite rejoindre le duc de Bretagne que le roi, pour le regagner tout-à-fait, fit semblant de venger, pour se venger lui-même, en promettant de ne jamais pardonner à tous les auteurs, complices et fauteurs des violences exercées au mont Sainte-Catherine, et en les traitant en rebelles.

Compromis auprès du roi, comme tous les membres de sa famille, Jean de Lorraine-Harcourt essaya de gagner la Flandre, mais il fut reconnu et arrêté par les chemins.

Le sort qu'il éprouva n'est pas douteux.

Si la puissance de sa famille et le zèle de son frère Ferry lui sauvèrent la vie, il fut contraint de s'exiler dans une province reculée, peut-être, comme dit l'histoire, d'abandonner sa patrie, ainsi que plusieurs, et de se reléguer aux pays étrangers.

Depuis il n'a pas reparu sur la scène.

Tout ce qu'on sait, c'est qu'en 1470, après avoir probablement obtenu sa grâce, les petits ayant pâti pour les grands, il fut chargé par son frère Ferry d'être son exécuteur testamentaire, et comme son très cher frère, son ami parfait et spécial, d'acquitter pour lui le vœu qu'il avait fait des voyages de Jérusalem, Rome et Saint-Jean en Galice, lui léguant à cette intention mille ducats d'or.

Ce Ferry fut aussi un grand guerrier ; il était plein de valeur et de religion.

Il fit, comme Jean de Lorraine, son frère, toutes les campagnes de haute et basse Normandie et de Guyenne.

Quand le sol de la France fut nettoyé d'Anglais, il alla conquérir la Catalogne.

Jean de Lorraine acquitta-t-il les vœux de son frère ?

Si c'est incertain, c'est aussi peu probable.

Il mourut en 1472.

On a imprimé sans preuves qu'Elbeuf vit terminer ses jours.

Comment le supposer, quand Elbeuf n'était qu'un simple manoir, quand sa mère demeurait alors au superbe château d'Harcourt, quand lui-même était gouverneur d'Anjou, et quand il possédait un hôtel à Rouen, rue de la Vicomté?

Delaroque dit seulement qu'il fut inhumé à la Saussaie, sépulture de ses ancêtres.

Dans ses armes il portait, sur le tout, celles d'Alençon, en mémoire de sa grand' mère issue des princes de ce nom.

RÉNÉ II, BARON.

Marie d'Harcourt ayant survécu à tous ses enfants, ce fut son petit fils qui lui succéda dans la baronnie d'Elbeuf.

Il était déjà duc de Lorraine, sous le nom de Réné II, depuis trois ans, quand ce dernier héritage lui échut, bien qu'il fut encore l'objet d'un long procès qu'il eut à soutenir, mais qui touchait à sa fin et qu'il eut le bonheur de terminer.

Il lui en avait moins coûté pour mettre la couronne ducale sur sa tête ; il lui avait suffi de l'agrément des états du pays qui avaient proclamé sa mère duchesse, et de la cession faite en sa faveur, par cette dernière qui réunissait, en sa personne, les droits des lignes masculines et féminines, comme fille de Réné d'Anjou et épouse de Ferry de Lorraine.

Les premiers actes qui marquèrent son pouvoir comme duc, furent trois actes pieux : il éleva un mausolée à Nicolas, son prédécesseur, acquitta toutes les donations et tous les vœux de son aïeul maternel, et accomplit le pélerinage dont son père, en mourant l'avait chargé, et qui devait être exécuté sur ses jambes, un pied chaussé et l'autre nu.

Si Réné II n'eut pas de mal pour s'asseoir sur le trône de Lorraine, il en eut beaucoup pour le conserver contre les armes et l'inimitié du duc de Bourgogne, Charles-le-Téméraire, qui le convoita jusqu'à sa mort.

FAUSTUM LIMEN, EXITUS INFELIX

Charles, voulant s'emparer de la Lorraine, et méprisant la jeunesse de Réné, souverain à vingt-deux ans, en 1475, commença par s'assurer de sa personne, et par le ravir à sa mère près de laquelle il habitait au château de Joinville.

Heureusement que cet enlèvement fit ombrage au roi Louis XI, et le détermina, par représaille, à faire arrêter un étudiant de l'université de Paris, neveu de l'empereur d'Allemagne, qui força le duc de Bourgogne de relâcher sa proie.

Charles, n'ayant pas réussi par la violence, eût recours à la ruse et rechercha l'alliance de celui dont il n'avait pu maintenir la captivité.

Il vint le voir à Nançy, lé caressa, chercha en vain à le

tromper, et en obtint seulement le passage des dépouilles mortelles de son père, qu'il accompagnait lui-même de Flandre à Dijon, sépulture des ducs de Bourgogne.

Désappointé dans toutes ses tentatives, Charles finit par envoyer des troupes cerner les états de Réné, fouler et ravager ses frontières, et parvint, en le menaçant, à lui imposer un traité qui le mettait à sa discrétion.

Ainsi à la merci de Charles, il implora la protection du roi de France et de l'empereur d'Allemagne.

Celle de Louis XI, jamais avare de promesses, lui donna assez de confiance pour envoyer un hérault défier le duc de Bourgogne et lui déclarer la guerre.

Cette guerre ne fut pas heureuse pour Réné; Charles, après avoir rassemblé son armée, s'avança contre lui à la tête de 40,000 hommes, le força de se retirer en France et subjugua toute la Lorraine.

Pendant sa retraite auprès de Louis XI, il devint le jouet de ce roi parjure, qui, souffrant de sa présence, reproche continuel de l'avoir entraîné à sa perte, lui faisant même sentir qu'il lui était à charge, l'abreuva de tant de rebuts et dégoûts qu'il alla s'enfermer à Joinville, pour y dévorer ses chagrins près de sa mère.

Il était perdu, quand un évènement de peu d'importance le sauva; c'est à une charrette de peaux de moutons qu'il dut son salut.

Prise et pillée par un comte de Romont, de la maison de Savoie, qui, comme d'autres seigneurs de l'époque, exploitait les grandes routes, cette charrette fut réclamée par les Suisses qui, sur déni de justice, se la firent eux-mêmes.

Réduit aux abois, après avoir perdu toute sa principauté, le comte de Romont, officier dans l'armée de Bourgogne, supplia le duc de lui venir en aide.

Charles, malgré les instances et les sages avis du roi de France, malgré les soumissions des Suisses qui consentaient à un arbitrage, ne voulut de satisfaction que par les armes.

Mal lui en prit, car après la réduction de Nancy, s'étant avancé à la rencontre de ses ennemis, ils lui firent éprouver une défaite à plate couture.

Sur ces entrefaites, René avait quitté Joinville et rejoint Louis XI à Lyon où sa détresse fut jusqu'à exciter la compassion.

Il en était à se désespérer, quand un courrier lui apprit que la princesse Marie d'Harcourt, son aïeule, était dangereusement malade, et désirait ardemment le voir.

Prenant à l'instant congé du roi, il se rendit en diligence auprès d'elle, à Elbeuf, selon les uns, à Harcourt plus probablement, selon les autres.

La princesse ressentit quelque consolation de son arrivée, lui fit, dit la chronique, donner et à toute sa suite des habits de soie, et lui remit tous ses trésors montant à deux cent mille écus, somme considérable pour le temps.

Sa mort étant survenue quelques jours après, Réné lui rendit les derniers devoirs, et retourna à Joinville auprès de sa mère.

Il y était à peine descendu de cheval qu'il reçut une députation de Suisses et d'Allemands qui l'invitèrent à prendre le commandement de leur armée contre le duc de Bourgogne.

Brûlant d'en tirer vengeance et de signaler son courage, il accepta l'offre sans hésiter.

Seulement, ne voulant rien faire sans l'agrément de Louis XI, quoiqu'il en fut victime et abandonné, il lui écrivit pour le prévenir et en solliciter au plus trois ou quatre cents lances pour l'accompagner jusqu'en Suisse.

Le roi lui accorda sa demande, d'autant plus volontiers qu'il ne pouvait le souffrir, que sa vue lui était désagréable; il y ajouta même quelqu'argent, et Réné s'achemina vers les confédérés, malgré les supplications de sa mère dont les larmes ne purent l'arrêter.

Partout, sur sa route, il trouva zèle et sympathie; partout lui et son escorte furent défrayés.

A son passage à Saint-Nicolas, pendant une messe solennelle où il assistait, une bonne femme lui glissa dans la main une bourse bien garnie, qu'il reçut en baissant la tête, soit par honnête honte, soit par gratitude.

Quand la gendarmerie française l'eût quitté à Saarbourg, toute la noblesse des environs vint lui offrir ses services, et, au nombre de huit cents cavaliers, lui forma une garde jusqu'à Strasbourg où il fut accueilli à bras ouverts.

Tous ces seigneurs s'efforcèrent à l'envi de lui faire honneur et bonne chère, le traitant à l'allemande, c'est-à-dire par jour à cinq repas que la chronique désigne sous les noms de déjun, dîné, marandé, souper, recin ou palefretinque.

Les Suisses, ayant appris son arrivée dans le pays, dépêchèrent une centaine d'hommes au-devant de lui, le priant de hâter sa marche et d'accourir auprès d'eux.

Ce prince partit aussitôt, et, toujours entouré de la noblesse qui jusqu'alors l'avait suivi, gagna Zurich le 2 juin 1476.

Il y trouva les alliés qui l'invitèrent à prendre le commandement.

Devenu général, il n'eut que peu d'heures pour se disposer à la bataille qui allait se livrer.

Après avoir séparé l'armée en trois corps, fait plusieurs chevaliers et fraternisé avec les capitaines sous ses ordres, il fondit brusquement sur l'ennemi.

La victoire ne fut pas longue à se déclarer ; rompus et enfoncés de toutes parts, les Bourguignons furent mis en pleine déroute, et les Suisses, au nombre de leurs triomphes, comptèrent de plus celui de Morat.

Le combat terminé, chacun rentra dans ses foyers, et Réné à Strasbourg, pour aviser à reconquérir ses états et se disposer au siége de Nancy, capitale qu'il lui importait surtout de recouvrer.

En attendant, il s'assura des villes et des châteaux-forts de son duché qu'il reprit presqu'entièrement avec le secours de ses bons amis de Strasbourg et des seigneurs du voisinage.

Il inspirait tant d'intérêt et on était tellement porté en sa faveur qu'on l'approvisionnait de vivres en quantité, à si bas prix qu'une quarte du meilleur vin d'Aussay ne coûtait à ses gens que trois blancs et un bon dîner qu'un grand blanc c'est-a-dire treize deniers.

Ses préparatifs achevés, et suffisamment pourvu d'artillerie, il s'en alla, à la tête de six mille hommes, camper sous les murs de Nancy que la famine força de capituler au bout de deux mois de siège, le six octobre 1476.

Son premier soin fut d'y faire apporter toutes sortes de munitions; il ordonna aussi d'en réparer les fortifications, y laissa une bonne garnison, et s'en éloigna pour en ménager les subsistances.

Il arrivait à Saint-Nicolas avec ses troupes, quand un courrier lui apprit que le duc de Bourgogne approchait.

Son premier dessein fut de le combattre, mais, après avoir reconnu ses forces, il crut prudent de l'éviter, et de regagner la Suisse.

Il n'y avait pas vingt jours que sa capitale était délivrée qu'elle se voyait déjà menacée de retomber au pouvoir des Bourguignons.

Rendu à Bâle, Réné y appela et réunit des députés des princes et villes d'Allemagne, pour leur exposer sa détresse, et leur adresser ses supplications.

Tous lui déclarèrent qu'il n'avait rien à espérer d'eux sans le concours des cantons helvétiques.

Ranimant son courage, il se mit alors à les arpenter, l'un après l'autre, implorant partout les secours qui lui étaient nécessaires, et promettant une forte solde.

Ses promesses et ses sollicitations furent sans effet; on l'engagea seulement à prendre patience jusqu'à une assemblée peu éloignée où il était convenu de délibérer sur son sort et d'en décider. Berne même n'accorda rien à ses pleurs.

Ces délais ne le rebutèrent pas, et, toujours parcourant bourgades et villages, gravissant les montagnes, cheminant à travers les frimats, les neiges et les glaces, il pressait la jeunesse d'embrasser son parti, et cherchait à la séduire par les offres les plus brillantes.

Toutefois il n'y gagnait rien, et le froid cruel qui sévissait, faisait qu'on le renvoyait au printemps pour s'enrôler.

Ne sachant plus que faire, l'idée lui vint d'envoyer à la ronde publier qu'il donnerait quatre florins par mois à qui servirait sa cause.

A cette annonce, il se présenta un si grand nombre de volontaires que magistrats et gouverneurs furent obligés de leur donner des enseignes et des chefs.

L'élan une fois donné, l'ardeur fut générale.

Le conseil de Zurich voulut entendre René, et l'appela dans son sein.

Il s'y rendit en compagnie d'un ours apprivoisé qui ne le quittait jamais.

L'animal, s'ennuyant à la porte, s'avisa d'y gratter, se fit ouvrir, et sauva ainsi à son maître quelques moments d'attente.

Réné entra, s'inclina et reçut l'assurance d'être secouru sans retard.

— A quel jour fixer le départ, lui demanda, au nom de ses collègues, certain tanneur, échevin alors en fonctions?

— A Noël, répondit Réné.

— Soit.

Et à l'instant partirent des exprès pour rassembler et mettre en marche ses nouveaux soldats.

Un accident très-commun pensa renverser tous ses projets ; l'argent lui manqua.

N'ayant pas à suffire pour les contenter, tous les Suisses l'abandonnaient, s'il n'eut trouvé à emprunter.

Ses amis l'y aidèrent beaucoup ; un d'eux alla même jusqu'à mettre ses deux fils en ôtage pour décider les prêteurs.

Les quarante mille livres que Louis XI lui fit tenir à cette époque, lui furent bien utiles aussi, mais les richesses héritées de Marie d'Harcourt lui rendirent le plus grand service ; il en paya 8,000 hommes.

Cependant Nancy expirait, et les assiégés, manquant de tout, allaient succomber.

Il était urgent d'instruire Réné d'une position aussi critique : un drapier de Mirecourt, réfugié dans la ville, se dévoua.

Parti de nuit, il traversa heureusement le camp ennemi, en franchit tous les obstacles, et gagna Zurich en cinq jours.

Il y vit Réné, l'informa des extrémités où se trouvait sa capitale, et, pour réponse, il lui fut certifié qu'à Noël elle n'aurait certainement plus rien à craindre ni à souffrir, ce que lui garantissait l'armée alors réunie sous ses yeux.

Notre drapier satisfait revint en toute hâte ; mais comment rentrer dans Nancy?

Passant par Saint-Nicolas, notre homme prit une serpe, un sarrau et un chapeau troué, s'affubla en boquillon, mit un fagot sur ses épaules, et s'aventura ainsi au milieu des tentes bourguignonnes, où les rigueurs de la saison se faisaient cruellement sentir.

A son entrée, on lui demanda son fagot à acheter.

— Non, dit-il, il est vendu et payé; je vais le livrer.

Poursuivant son chemin, il arriva derrière la barraque d'un receveur du camp, feignit de se reposer, quand tout-à-coup, voyant qu'il n'est pas observé, il se défait de son fagot, court aux fossés, s'y jette, en est tiré au cri de Lorraine, par les gardes des remparts, et mis en sûreté avant que sa ruse ait été découverte, et qu'il soit devenu victime de son audace, d'autant plus grande qu'avant lui deux émissaires avaient péri en tentant les mêmes hasards. Aussi notre drapier est-il resté célèbre.

Sa première action fut de rendre grâces à Dieu de l'avoir préservé des dangers qu'il avait affrontés.

Il rassura ensuite les assiégés, et leur attesta qu'avant peu ils auraient, comme lui, à remercier le tout-puissant.

L'événement justifia ses paroles.

Après avoir réuni Lorrains, Suisses, Allemands et Français, Réné, que le duc de Bourgogne avait coutume d'appeler l'enfant, vint à la tête de vingt mille hommes lui faire voir qu'il n'en était plus un.

La veille des Rois, le dimanche 5 janvier 1476, il lui livra bataille et en eut enfin raison pour toujours.

Le combat fut presque aussitôt fini qu'engagé, et la mort du duc de Bourgogne, entraîné par les fuyards et tué dans la débandade, arrêta pour jamais le cours de ses témérités.

Réné rentra dans sa capitale en vainqueur; on lui avait dressé un arc de triomphe qui dut bien affecter son cœur : il était composé des ossements de tous les animaux immondes que, mourant de faim, la garnison avait dévorés pour soutenir son existence défaillante, ossuaire bien différent de celui de Morat, et témoignant autant de dévouement que l'autre marquait de cruauté.

L'inquiétude que Réné avait conçue sur le sort du duc de Bourgogne, dont on ne pouvait nulle part obtenir de nouvelles, ne fut dissipée qu'au bout de trois jours.

Ce n'est qu'après bien des recherches que son corps presqu'en lambeaux fut enfin retrouvé gisant parmi un tas de morts et à moitié dans la fange d'un ruisseau dont la glace lui avait déchiré, excorié tout le visage, en s'attachant à sa peau qu'elle avait arrrachée.

Ce cadavre fut apporté à Nancy, et, bien que Charles fut son ennemi mortel, Réné ne lui en fit pas moins faire de magnifiques funérailles, dignes de tous les deux. C'est ainsi qu'il honora sa mémoire, en respectant celle de son adversaire.

Ces soins accomplis et tous devoirs rendus, Réné remercia ses alliés de l'avoir si bien secondé, s'acquitta envers eux de tous ses engagements, leur abandonna en entier le butin et les rançons des prisonniers et les congédia tous très-satisfaits.

Il lui restait à récompenser la généreuse garnison qui lui avait si vaillamment conservé sa capitale.

Il en glorifia, à l'éloge de son propre cœur, et gratifia tous les braves, nobles et citadins, selon leur mérite et leur condition.

Telle est la vie : Réné était à peine en paix du côté du duc Charles, qu'il eut à se défendre contre les atteintes du roi Louis, qui le força de lui abandonner la Bourgogne, et parvint à lui soustraire la Provence et l'Anjou.

Il y a lieu ici de relever trois erreurs d'un écrivain qui insulte à ses contradicteurs, même quand il a tort.

Cet écrivain prétend que Réné était à Elbeuf les 6 novembre 1476, 20 avril 1477 et 18 mars 1494, à Elbeuf où il n'a pas résidé et qui ne l'a peut-être jamais vu.

Or, il est certain qu'il était à Strasbourg le 6 novembre 1476, et en Lorraine les 20 avril 1477 et 18 mars 1494.

Venu en France au commencement de mars 1477, il fut obligé, avant la fin, de s'en retourner, s'évadant d'Arras où était alors Louis XI qu'il avait bien raison de craindre.

En 1494, année de l'expédition de Naples dont il disputait la couronne à Charles VIII, il était confiné à Nancy depuis 1488, et pour ainsi dire banni de France.

Ce n'est pas à tort qu'il se défiait de Louis XI, car il ne cessa ses intrigues qu'après avoir réussi à aigrir contre lui son vieil aïeul d'Anjou dont il avait dédaigné les armes et le nom, et à le faire déshériter du comté de Provence d'où Réné fut obligé de s'enfuir par mer, en Vénétie, au risque de sa vie, mise en péril dans la traversée par des tempêtes continuelles.

Sa fuite à Venise fut pour lui l'occasion de l'alliance qu'il contracta avec cette république, qui le fit plus tard lieutenant-général de ses armées.

De retour en Lorraine, il y fut surnommé le faux-monnayeur, pour le faux aloi des pièces frappées à son effigie.

L'an 1482, en exécution du traité conclu avec elle, la

république de Venise pria Réné de venir se mettre à la tête de son armée contre le duc de Ferrare.

Il accepta volontiers, dans l'espoir de pouvoir plus tard disposer de cette armée pour la conquête du royaume de Naples, objet de son ambition.

La guerre ne lui fut pas favorable ; il échoua au siége de Ferrare.

Ses mauvais traitements à l'égard de quelques prisonniers indisposèrent les Vénitiens ; il s'ensuivit des mésintelligences, des soupçons, des ressentiments, des rivalités, des méfiances qui neutralisèrent entièrement son autorité militaire, et le décidèrent à s'éloigner de l'Italie où il n'avait fait que compromettre la renommée que de précédents combats lui avaient acquise.

Il y revint pourtant au bout de quelque temps, mais sans plus de succès.

La mort de Louis XI le rappela en Lorraine en 1483.

Il ne fit qu'y passer, et se rendit en France, à l'avènement de Charles VIII, pour adorer le soleil levant.

Devenu courtisan, il servit les intérêts de madame de Baujeu, régente du royaume, se flattant qu'elle lui rendrait la Provence, l'Anjou et le Barrois qu'il regrettait vivement mais il n'eut d'autre satisfaction que la restitution du Barrois que le roi défunt avait envahi en partie.

Les États de Tours rejetèrent ses autres réclamations et toutes ses prétentions à être associé au gouvernement ; on chercha du reste à le consoler, en lui donnant à commander une compagnie de cent hommes d'armes, et en lui accordant une forte pension, pour en jouir jusqu'à l'éclaircissement des droits qu'il alléguait.

La mort de sa mère, Yolande d'Anjou, détourna un moment ses yeux de la terre; il réunit ses cendres à celles de son père reposant à Joinville.

Malgré ses titres pompeux de roi et de souverain, il assista comme vassal au sacre de Charles VIII et à son entrée solennelle à Paris, en 1484.

Allié, dès 1471, à Jeanne d'Harcourt, du consentement de son oncle, Jean de Lorraine, il la répudia après avoir perdu sa mère, pour épouser, à l'âge de trente-trois ans, la princesse de Gueldres, à peine nubile, et alors auprès de sa tante, madame de Baujeu, gouvernante de France.

Véritable contraste de la stérilité de Jeanne, la fécondité de la princesse Philippes fut remarquable.

C'est cette même princesse qui, après la mort de son mari, se fit religieuse, et, pendant vingt-sept ans de veuvage, s'assujétit aux plus pénibles austérités, marchant nu-pieds, couchant sur la dure, pratiquant le jeune et l'abstinence, servant à la cuisine, au réfectoire, à l'infirmerie, et observant, sans la moindre infraction, la règle dont elle comparait les minutieuses dispositions aux filets d'osier qui lient les grands cercles et les maintiennent dans leur forme.

Rien ne rebutait son humilité ; elle remplit tour-à-tour les fonctions de jardinière et de ravaudeuse, même celle de portière ; les hommages la faisaient fuir.

Ses vêtements étaient ceux que ses compagnes rebutaient ; elle alla même jusqu'à renoncer à l'usage du linge qu'elle remplaça par un cilice qu'elle conserva jusqu'à son dernier soupir.

En 1486, Réné vit s'évanouir l'espoir dont il se berçait, de recouvrer la Provence ; elle fut, à cette époque, irrévocablement réunie à la couronne.

Ce désappointement ne lui fit pas oublier son devoir ; il se montra fidèle, du moins en apparence, quand éclata la révolte du duc d'Orléans dont il ne prit pas ostensiblement le parti.

S'il joua double jeu, ce ne fut pas toujours à l'insu de la cour qui l'amusait aussi, qui trompeusement le nomma grand chambellan, uniquement pour maintenir momentanément sa foi, le leurra sans cesse d'espérances continuellement démenties par les faits et par une réalité dont l'évidence fit enfin tomber toutes ses illusions et le relégua bien mécontent en Lorraine après la bataille de Saint-Aubin.

C'est dans ce temps que, par suite d'une nouvelle révolution, le trône de Naples lui fut offert.

Les peuples lui tendaient les bras, le pape et les Vénitiens promettaient leur concours, le roi de France l'aidait de troupes et d'argent, tous ses amis le pressaient et l'encourageaient, mais il se manqua à lui-même et trompa la fortune ; il ne montra ni diligence, ni résolution dans une circonstance aussi décisive.

Il donna à Charles VIII le temps de se raviser et de réserver pour lui le sceptre que d'abord il avait voulu mettre aux mains du duc de Lorraine qui, à peine en route, reçut ordre à Lyon de ne pas passer outre, et de ne rien entreprendre sur le royaume de Naples, joyau de la couronne de France.

Il lui fallut obéir, contremander tous ses préparatifs, rappeler les troupes en marche, et se résigner à n'être que souverain de Lorraine.

Pour comble de disgrâce, Charles VIII supprima sa pension, lui ôta sa compagnie d'ordonnance, le destitua de toutes ses charges et lui interdit toute résidence à la cour.

Ce bannissement devint la plus belle époque de sa vie. Il s'appliqua, dans son isolement, à établir le bon ordre, à faire fleurir la justice et la religion; il agrandit, pava et décora Nancy qui n'eut plus l'air d'une bourgade, mais d'une véritable ville.

Vassal du roi de France, René l'était aussi de l'empereur d'Allemagne.

C'est en cette qualité qu'il fut convoqué à la diète de Worms où il eut à résister à une grande tentation.

L'empereur, jaloux de Charles VIII qui venait de conquérir Naples et qui menaçait toute l'Italie, lui proposa d'armer contre ce roi dont il n'avait pas à se louer.

La proposition était séduisante, mais elle avorta contre sa fidélité et son attachement pour la France; il lui maintint sa foi; bien plus, il détourna la diète de prêter l'oreille aux suggestions de l'empereur et de prendre part à ses projets hostiles.

Il n'eut pas à se repentir de sa loyauté. Charles VIII en fut instruit, l'appela à Amboise, l'y reçut avec toutes les marques de la plus tendre cordialité, l'admit au conseil et fit briller à ses yeux quelques nouvelles lueurs d'espérances que toutefois sa mort dissipa bientôt.

Louis XII qui lui succéda, était ennemi du duc de Lorraine, qui lui avait été souvent contraire.

Néanmoins Réné ne fut pas le dernier à le complimenter, à lui porter ses respects, à lui offrir ses hommages; il se rendit assidu à lui faire la cour, assista à son sacre, et lui prodigua toutes les marques de zèle et de dévouement.

Ces courtoisies n'ayant pu réchauffer la froideur de Louis XII, Réné rentra dans ses états.

Son absence fit plus que sa présence.

Le roi, naturellement bon, eut regret de son départ et le fit rappeler pour la solennité de son entrée à Paris; mettant à part tous ses ressentiments, il accourut et fut accueilli avec l'affabilité la plus gracieuse.

Cependant, après plusieurs alternatives de faveurs et de dégoûts, Louis et Réné se quittèrent pour jamais sans déplaisir.

Revenu à Nancy, Réné eut à lutter contre deux fléaux affreux, la peste et la famine qui désolèrent la Lorraine pendant plusieurs années.

Pour remédier à la cessation des travaux, il fit construire à Nancy le palais qu'on y voit, et qui n'avait pas alors d'autre nom que celui de noble maison.

Il ajouta à ces soins, pour soulager la détresse et la misère de ses sujets, des libéralités sans nombre et la diminution des charges ordinaires.

Il était tout occupé de cette sollicitude bienfaisante,

quand lui survint le désagrément de se voir, par un de ses feudataires, traîné à la barre du parlement de Paris dont il était justiciable.

Il est douteux que son adversaire, le comte de Ligny, ait eu à s'applaudir de ses poursuites qui firent naître un procès interminable.

Réné n'envisageait pas moins l'avenir que le présent. Présageant une fin prochaine, il fit son testament, et y stipula des dispositions qui affermirent la loi salique en Lorraine. Deux ans après il mourut d'apoplexie, en arrivant de la chasse, en 1508.

Il eut douze enfants dont sept lui survécurent ; c'est un d'eux, Claude, qui hérita de la baronnie d'Elbeuf ; trois de ses frères ont péri, les armes à la main, pour la France.

Pour donner une idée des mœurs du temps, voici le portrait de Réné, portrait textuellement tel que nous l'ont transmis les vieux historiens :

« Réné, duc de Lorraine et de Bar, roi de Naples et de Sicile, était un des princes les plus accomplis de son siècle. Il était homme de grand sens, sage et prudent en toutes choses. Sa taille n'était pas grande, mais bien proportionnée. Il était beau et bien formé, dispos, agile, ayant l'air gai, d'un teint tirant sur le pâle plutôt que sur le blanc ou le brun, les yeux brillants et vifs, le nez un peu relevé par le milieu et aquilin, les cheveux noirs, et si longs qu'ils lui passaient les oreilles, car alors on les portait fort courts.

« Il avait la parole prompte, serrée, décisive, sententieuse ; son langage était pur, ses réponses enjouées, agréables et subtiles.

« Il avait pour maxime de ne laisser sortir les solliciteurs d'auprès de lui, sans leur donner au moins de bonnes paroles ; et lorsqu'il ne pouvait leur accorder leur demande, il aimait mieux les remettre que de les refuser.

« On dit qu'un jour, comme on lui racontait que l'empereur Tite comptait comme perdues toutes les journées auxquelles il n'avait fait plaisir à personne, il répondit aussitôt : je n'en ai donc jamais perdu aucune.

« Il était libéral, magnifique, courageux, vaillant, aimant à récompenser ceux qui lui avaient rendu quelque service, mais ennemi des traîtres, des voleurs et des perturbateurs du repos public.

« Il aimait la justice, et voulait que ses officiers l'exerçassent rigoureusement ; toutefois il n'aimait point le sang et difficilement condamnait-il quelqu'un à mort.

« En bataille, il était âpre et terrible ; mais, hors de là, doux, humain, clément, oubliant aisément les injures.

« Sa religion était tendre et éclairée ; assidu et exact à ses devoirs de chrétien, respectant les cérémonies de l'église, il assistait au divin sacrifice d'une manière recueillie et dévote, accompagnait à pied le saint sacrement de l'autel, en quelque part qu'il le rencontrât ; très-sobre, surtout à l'égard du vin dont il ne buvait point du tout, ou qu'il trempait tellement par l'eau qu'il y mêlait, qu'il lui faisait perdre toute sa force, il ne commit aucuns excès.

« Il faisait éclater sa magnificence, principalement envers les étrangers et les ambassadeurs qui venaient à sa cour, auxquels il faisait de grands présents.

« Il n'épargnait aucunes dépenses pour avoir des meubles précieux, de riches tapisseries, de l'argenterie en quantité, des pierreries rares et de grand prix, mais, pour sa personne, il se mettait si peu en peine des habits et des parures, que souvent il était vêtu plus modestement qu'aucun homme de sa cour.

« Il avait une adresse particulière dans toutes choses qu'il entreprenait ; et, s'il s'était voulu appliquer à la mécanique et aux arts, il y aurait fait de très-grands progrès.

« Lisant un jour la préface du traducteur français de la cité de Dieu de saint Augustin, il y trouva cette sentence qu'un prince ignorant était un âne couronné.

« Cette parole lui entra si avant dans l'esprit que dès ce moment il résolut de donner une bonne partie de son temps à la lecture et à l'étude. Il y réussit de telle sorte qu'il apprit plusieurs langues, et qu'il acquit la connaissance de la plupart des histoires, des conclusions de la philosophie, et des plus belles questions de la théologie, comme de celles qui regardent la prescience de Dieu, le libre arbitre, la trinité, l'incarnation, le sacrement de l'autel ; il en parlait fort pertinemment et en théologien. Il se faisait honneur d'avoir lu plusieurs fois l'Ancien et le Nouveau Testament, avec les gloses et commentaires, et il en citait les propres paroles avec beaucoup de justesse. Il entendait les orateurs et les poètes, quoiqu'il ne parlât pas volontiers latin. Il disait communément qu'il ne trouvait de tels conseillers que les muets, entendant par là les livres qui instruisent, reprennent et corrigent sans considération, sans aigreur, sans flatterie et sans respect humain.

« Un jour on racontait, en sa présence, qu'un certain prince disait qu'il n'était pas convenable à un prince d'être lettré.

« — Voilà, répondit-il, un discours qui ressemble mieux au mugissement d'un bœuf qu'à ce qui doit sortir de la bouche d'un prince.

« Il est inutile de parler de sa valeur et de sa grande capacité dans le métier de la guerre ; toute l'Europe en était si persuadée qu'on le regardait comme le plus grand capitaine de son temps. Sa magnificence et son excellent goût paraissent dans les édifices entrepris par lui sous son règne, et auxquels il a eu part, car il est naturel que le bon goût et les belles inclinations des princes influent sur leurs sujets. Son palais, commencé en 1502, est un des plus beaux, des plus commodes et des mieux bâtis que l'on voie de ce temps-là ; la magnifique église de Saint-Nicolas fut commencée de son temps, le 14e d'avril 1495, par Simon Moycet, prieur de ce monastère. »

Réné se qualifiait de roi de Sicile, Naples, Jérusalem, Hongrie, Arragon, Valence, Sardaigne, Majorque et Corsègue, duc de Lorraine, Bar, Anjou, Touraine, Calabre, Gueldres et Juliers, comte de Vaudemont, Harcourt, Aumale, Guise, Provence, Maine, Forcalquier, Tancarville, Barcelonne, Piémont, connétable et chambellan héréditaire de Normandie, marquis de Pont-à-Mousson, baron de Joinville, Elbeuf, Saussaye, Aubenton, Routot, Fontaine-

Dun, Quatremares, Brionne, Auvers, Neubourg, Blangy, Estrepagny, châtelain de Lillebonne, sire de Beauficelle, Calleville, Carneille, Sainte-Colombe, Saint-Dizier, Bosc-Roger, Goupillières, Sotteville.

N'est-il pas flatteur pour Elbeuf de voir son nom figurer parmi tant de titres fastueux !...

CLAUDE, BARON D'ELBEUF.

Quoique père de douze enfants dont sept lui survécurent, Réné II, avant de mourir, ne pourvut que ses deux aînés qui eurent tout ce qu'il possédait.

Il attribua à Antoine la Lorraine et autres souverainetés, et assigna à Claude toutes les terres et Seigneuries de France, entre autres la baronnie d'Elbeuf.

Ce partage, quoique convenable et légitime pour le temps, fut rejeté par Claude dont le premier acte de plein gré fut de méconnaître les volontés paternelles qu'il ne sanctionna qu'en 1530, vingt-deux ans plus tard.

Un second égarement le fit s'élever contre son frère aîné qu'il tenta de faire exclure de la succession de son père, bien que ce frère, surnommé le bon, fut très-homme de bien, prince d'honneur et de conscience.

Cette entreprise ne lui ayant pas réussi, il se réfugia en France qui, de ce jour, devint une patrie d'adoption pour lui et pour sa postérité qui s'y est éteinte.

Fixé à la cour de Louis XII qui était pour lors le prince le plus renommé de la chrétienté, il y obtint des lettres de naturalisation, y fut nommé grand-veneur, et s'y maria en 1512 à une princesse du sang royal, Antoinette de Bourbon, dont Henri IV fut arrière-neveu. Ses noces, faites à l'hôtel d'Étampes près le palais du roi, furent splendides et somptueuses.

Mari à seize ans, il fit, à dix-sept, ses premières armes; en 1513, au secours de Térouanne assiégé par le roi d'Angleterre, et au combat qui en fut la suite, malencontreuse journée dite de Guignegatte ou des Éperons.

1514 se passa pour lui en fêtes et délices.

C'est l'année de son voyage à Boulogne, à la rencontre de la fiancée de Louis XII, Marie d'Angleterre, qu'il y attendit pour la recevoir, lui rendre les honneurs dus à son rang et la conduire à Abbeville où il assista à son mariage ; il l'accompagna ensuite à Saint-Denis où elle fut couronnée et à Paris où son entrée fut magnifique.

Depuis peu de mois, vieil époux d'une jeune princesse, Louis XII ayant succombé en 1515, Claude quitta les tristes funérailles de Saint-Denis pour courir à Reims au joyeux sacre et avénement de son successeur.

Les joûtes qui s'y donnèrent furent pour lui l'occasion de montrer sa force et son adresse, et de se distinguer entre tous les combattants, tant à pied qu'à cheval.

Après l'apparence vint la réalité, et aux tournois succédèrent les batailles.

Des lices du champ-clos, il fallut s'acheminer pour les monts Genèvre et Cénis, pour Barcelonnette et Marignan.

C'est dans ce dernier lieu que Claude fonda sa renommée par la valeur qu'il y déploya.

Il n'était encore que colonel de cavalerie, quand il fut appelé au commandement des fantassins allemands de son oncle, le duc de Gueldres, obligé de quitter l'armée.

Alarmés de la retraite de leur chef, les Allemands s'étaient crus trahis avec lui, et refusaient de combattre, au nombre de six mille.

Cette erreur pouvait être funeste.

Pour les désabuser autant par les faits que par les paroles, Claude passe aussitôt au premier rang, fait sonner la charge, s'élance contre l'ennemi, et entraîne, par son exemple, son ardeur et ses accents, ceux dont il avait le courage à guider et qui d'abord n'avaient tenu aucun compte de son autorité.

Le choc fut terrible.

Renversé de cheval, dépouillé de son armure et porté à terre, après avoir reçu vingt-deux blessures, Claude ne dut la vie qu'à son écuyer, Adam, qui, lui, y laissa la sienne, en couvrant son maître de son corps et de son bouclier, pour le préserver d'être écrasé par les pieds des chevaux et achevé par les piques et hallebardes des Suisses.

Retrouvé le lendemain encore chaud sous un tas de cadavres, Claude fut, au bout de trois mois de bons soins, rendu à la santé.

C'est après ces prouesses que ses frères d'armes le proclamèrent gentil compagnon et honnête prince.

Il était à peine remis de ses souffrances qu'il alla rendre de solennelles actions de grâces à Dieu de l'avoir sauvé des dangers qu'il avait courus.

Comme il avait eu part aux coups, il eut aussi part à la gloire et entra, avec le roi François Ier, triomphalement dans Milan.

De là il suivit nos ambassadeurs à Venise, visita la ville où il fut honorablement accueilli, et revint en France.

Toujours à la tête des Allemands au service de France, il fit, en 1522, sous les ordres de l'amiral Bonnivet, la campagne des Pyrénées.

Arrivé sur les rives de la rivière d'Andaye qu'il avait à traverser, il en trouva le bord opposé à celui qu'il occupait et les rochers voisins garnis d'Espagnols déterminés à défendre le passage.

Payant alors d'audace, pour encourager ses gens qu'il anime du geste et de la voix, il se jette à la nage, gagne et prend terre, et, avec les plus braves qui l'avaient suivi, assaillit les Espagnols épouvantés, les met en fuite, et s'ouvre ainsi, malgré tous les obstacles, le chemin qu'il avait à suivre.

Cette résolution étonna l'ennemi et contribua à la prise de Fontarabie que Bonnivet assiégea peu après et dont Claude l'aida fort à s'emparer.

Si on eut suivi le conseil qu'il donna de ruiner la ville et d'en raser les fortifications, les Français auraient conservé une entrée libre en Espagne qui en serait devenue plus circonspecte à leur déclarer la guerre, tandis que cette place, qu'elle finit par reprendre, lui donna, en couvrant ses frontières, plus de hardiesse et de facilité pour insulter les nôtres.

De retour des Pyrénées, Claude fut envoyé, avec ses troupes, à Montreuil, pour s'opposer à une irruption d'Anglais descendus à Calais.

De Montreuil ayant rejoint le comte de Saint-Paul à Péronne, ils allèrent ensemble prendre et démolir la ville et le château de Bapaume ; ils forcèrent ensuite le pas de l'Écluse, y battirent l'ennemi, et le poursuivirent jusqu'aux portes de Douai et de Valenciennes.

C'est dans cette poursuite qu'un jeune frère de notre héros, enfant de seize ans, courut seul, après une dizaine de fuyards qui se retiraient dans un bois, et qu'il arrêta assez longtemps pour qu'on put les cerner et les faire tous prisonniers.

Les Anglais menaçant Boulogne, Claude s'y rendit, empêcha leurs coureurs de ravager le pays, et en défit plusieurs.

Pendant le siége d'Hesdin, qu'ils eurent la honte de lever au bout de deux mois, il n'est pas de jour, de l'excellent poste qu'il occupait, il n'est pas de jour qu'il n'ait donné l'alarme dans leur camp, et n'y ait refoulé les partis qu'ils voulaient envoyer aux champs; il battait leurs convois et leur coupait les vivres.

Quatre cents des leurs s'étaient aventurés un peu loin, mais, au moment de rentrer, il les atteignit à demi-lieue de leur armée, tomba dessus si vigoureusement qu'à la première charge tous furent pris ou tués, sauf une quarantaine qui se réfugièrent dans un jardin entouré de haies et fossés, où on ne pouvait les assaillir qu'à pied, et où ils pouvaient être promptement secourus.

Néanmoins Claude descendit de cheval avec ses gendarmes, pénétra dans l'enclos d'où il n'échappa pas un seul Anglais.

Pendant la retraite de leur armée, il surprit, à Pas en Artois, un de ses détachements au gîte et lui tua six cents hommes.

Ces actions d'éclat lui valurent la confiance et l'affection du roi qui se plut dès-lors à l'avancer en grades et en dignités.

Ici commence sa fortune qui, toujours accrue de père en fils, fut bien près d'atteindre jusqu'à la couronne de France.

Devenu lieutenant-chef en Bourgogne, il la préserva d'une invasion d'Allemands, auxiliaires de la rebellion du connétable de Bourbon, qu'il tailla en pièces à leur passage de la Meuse à Neufchâtel, sous les yeux de la cour de Lorraine qui en eut le passe-temps et en vit le jeu des fenêtres du château où, dit la chronique, la curiosité avait attiré dames et demoiselles, vu la rareté, pour elles, d'un pareil spectacle.

C'est à cette époque qu'eut lieu un dévouement trop peu connu, semblable à celui du célèbre d'Assas.

Un sieur de Latiguerette, commandant du guêt d'un camp, sorti aux écoutes sur le bruit que faisaient quelques-unes de ses sentinelles, tomba dans une embuscade.

Arrêté prisonnier et craignant quelque surprise, soudain il cria alarme, aimant mieux mourir que d'exposer ceux qu'il devait garder.

Aussitôt tout fut en armes, et les ennemis, se voyant découverts, n'eurent qu'à rebrousser chemin.

Quoique dévoué à la régente du royaume, qu'il avait aidée de ses conseils pendant la captivité de son fils à Madrid, elle n'en voulut pas moins faire un mauvais parti à notre Claude pour avoir, sans ses ordres, risqué les dernières ressources de la France, et découvert les frontières de Champagne et de Bourgogne, en en retirant et réunissant les garnisons pour aller joindre en Lorraine le duc Antoine, et exterminer avec lui à Saverne, les vingt mille fanatiques allemands, adeptes outrés de Luther, qui, sur les instigations de Muncer, niveleur du temps, mettaient tout à feu et à sang dans les contrées qu'ils parcouraient, et menaçaient la France de leurs dévastations.

Mais François Ier, n'ayant vu dans l'action de Claude qu'un service rendu au pays, et justifié par le danger présent et par le succès, lui en sut bon gré, loin de l'en blâmer.

Un trait curieux de cette expédition fut celui d'un capitaine qui, à la fin d'une journée fatigante, voyant ajourner le combat au lendemain, dit à son général : « Bon pour vous qui avez un bon lit, mais pour nous qui n'en avons pas, il nous faut ceux des ennemis. »

Aussitôt dit, aussitôt fait : l'action s'engagea et les lits furent conquis.

Demandé pour ôtage par l'empereur Charles, comme caution du traité imposé au roi pour sa liberté, Sa Majesté aima mieux livrer ses enfants que de se priver d'un serviteur comme Claude.

Pour le récompenser de ses services, on érigea en duché-pairie son comté de Guise, ville dont il était déjà gouverneur.

Pressentant peut-être son ambition, le Parlement refusa l'enregistrement, et ne céda qu'après plusieurs lettres de jussion du roi qui eut à le regretter et à se repentir de ses faveurs envers un sujet qui plus tard lui devint suspect et à qui il retira ses bonnes grâces.

Triste effet d'un pouvoir absolu qui ne veut pas même être limité dans le mal qu'il se fait

Député, en 1534, au-devant du roi d'Angleterre arrivant en France pour l'entrevue du camp du drap d'or, Claude participa à toutes ses pompes et à toutes ses fêtes.

Malheureusement ces réjouissances furent de courte durée ; apparences d'une paix plus factice que réelle, elles ne tardèrent pas à se convertir en hostilités.

La guerre, ayant de nouveau éclaté, fut pour Claude une nouvelle occasion de se signaler.

Entr'autres exploits, le ravitaillement de Péronne lui acquit beaucoup d'honneur.

Averti par un soldat dévoué, descendu des remparts au moyen d'une corde, et venu à travers marais, que cette place manquait d'arquebusiers et de poudre, il entreprit de lui en fournir.

Il prit avec lui deux cents hommes d'armes, partit et chevaucha de manière à arriver de nuit près des assiégeants.

Il y réussit et put conduire, dans l'obscurité et en silence, sur le bord des marais, quatre cents arquebusiers chargés chacun de dix livres de poudre et ayant pour guide le messager qu'on lui avait dépêché.

Quand il les eut embarqués, il fit aussitôt donner l'alarme tout autour du camp ennemi qu'il avait de tous côtés entouré de trompettes sonnant à grand bruit, pour y jeter le trouble et la frayeur.

Pendant ce tintamare, les arquebusiers, ayant pu naviguer sans être entendus, parvinrent sans encombre jusqu'à la ville qui s'empressa de les recueillir.

Ils y furent introduits en les tirant et hissant par dessus les murailles, à la confusion et en dépit des ennemis qui, s'en étant aperçus à la pointe du jour, en furent découragés.

Le succès de son entreprise une fois assuré, Claude ne mit pas moins d'habileté dans sa retraite.

Poursuivi par un corps de cavalerie, il l'attendit de pied ferme, lui offrit le combat, mais on n'osa l'attaquer.

Reprenant alors sa course, il rejoignit les siens, sain et sauf, sans avoir perdu un seul homme.

Ce secours fut le salut de Péronne dont le siège ne tarda pas à être levé.

Parvenu au faîte des grandeurs par le mariage de sa fille

avec le roi d'Écosse, Claude aurait dû être pleinement satisfait, mais cette nouvelle élévation, au lieu de combler son ambition, fut pour elle un nouvel aiguillon.

Telles sont les passions, d'autant plus ardentes qu'elles sont plus flattées.

Donné comme Mentor au duc d'Orléans, jeune fils du roi, envoyé à la tête d'une nombreuse armée, pour conquérir le Luxembourg, Claude en prit la capitale, s'empara ensuite de Damvilliers, Yvoy, Arlon, Mont-Médy, Challencey, Vireton, Laferté, et aurait soumis tout le duché, sans le départ inconsidéré de son pupille qui à tort courut en Roussillon d'où il ne rapporta aucuns lauriers, quand il en avait tant à cueillir dans la guerre dont il était chargé, guerre qui termina la carrière militaire de Claude.

Le dernier service qu'il rendit à François Ier, fut de rassurer les Parisiens effrayés de l'approche de Charles-Quint après la perte de Saint-Dizier, et de ranimer la confiance qui les abandonnait.

Quand ce roi mourut en 1547, Claude avait perdu tout crédit par les soupçons qu'excitait sa grande puissance.

L'orgueil et l'insolence que lui inspiraient ses immenses richesses, le soin qu'il prenait de s'attirer des partisans par ses caresses et ses libéralités, la rivalité de luxe qu'il affichait avec la royauté, ses prétentions altières, tout en lui révélait des intentions préjudiciables à ceux qui, après l'avoir fait ce qu'il était, avaient peur de leur ouvrage.

Dénoncé comme dangereux à Henri II, ce monarque ne tint aucun compte de cet avertissement; il lui rendit, il augmenta même le pouvoir qu'il avait sous son père, et le porta si haut qu'il est accusé d'avoir préparé les attentats de ses enfants et de leur en avoir donné la tentation.

Il le fit assister à son sacre comme duc de Guyenne.

Peu d'accord sur les qualités et les vices de Claude, les historiens l'ont peint sous des couleurs différentes.

Les uns l'accusent d'une avidité excessive; selon eux, « il avait accaparé les charges de grand-veneur et de chambellan, les gouvernements de Champagne et de Bourgogne, la généralité des galères, le commandement de toute la cavalerie légère, plusieurs lieutenances du roi, vingt compagnies de gendarmes et infinies dignités, opulent qu'il était en outre par les biens que lui avaient valus ses alliances royales.

« Nul ne pouvait approcher du trône que par lui par qui tout se donnait, récompense et châtiment, étant de maxime que les rois qui élèvent des sujets à telle hauteur, ne peuvent plus leur rien refuser sans se démentir, et de peur de perdre ce qu'ils y ont mis et le bien qu'il leur ont fait.

« Et semblait, remarque un contemporain, que Sa Majesté eut conjuré, avec lui, de lui partir la France, à la ruine de ses enfants et de son royaume, ce qui devait advenir, sinon de son règne, mais peu après, l'inimitié venant à se déclarer, si bien qu'elle en vit les préparatifs de son vivant.

« Un autre se plaint qu'il est insatiable, gourmand de biens, importun et hardi demandeur, effronté convoiteux, qu'il ne lui échappe, non plus qu'aux arondelles les mouches, emplois, bénéfices, états, offices, abbayes,

» évêchés, et autres bon morceaux, qu'il a, pour cet effet, » en toutes parts du royaume, gens apostés et serviteurs » gagés, pour lui donner avis de tout ce qui se mourait, » sans épargner les confiscations pour les demander.

» Bien plus il lui reproche d'avoir des médecins, à Paris » où tous les grands de France abordent, médecins attitrés » et comme pensionnaires, qui ne faillaient de lui mander » l'issue de leurs patients, quand ils étaient d'étoffe, et qui » bien souvent les faisaient passer, sur le goût de mille » écus ou d'un bénéfice de mille livres de rente.

» De cette sorte il était quasi impossible au roi de gratifier autre que lui qui le dévorait, comme un lion sa » proie, jusques à ravir ce qu'il avait donné à ses serviteurs pour en pourvoir les siens, et était contraint le roi, » s'il voulait particulariser quelque bienfait, de lui mentir, » et dire qu'il en avait déjà disposé ; encore était-il si » impudent qu'il le débattait souvent contre lui par l'impossibilité, alléguant la diligence secrète de ses avertissements.

» Toutefois y fut-il attrapé un jour qu'étant venu demander à Sa Majesté le beau parc et vignoble d'Aï, elle » lui répondit qu'il était trop tard, quoi qu'il fut encore » temps. »

Enfin on l'a encore dépeint sous un autre aspect :

« Claude de Guise, a-t-on dit, était d'une taille avantageuse, très bien proportionnée, d'une mine et d'un air » qui sentaient son grand prince, mais avec beaucoup de » douceur qui le rendait d'un abord agréable et aisé.

» Dans les combats il avait un regard terrible, et ses

» ennemis, pour cela, lui avaient donné le surnom de » *Boucher*, parce que, dans l'action, il ne les épargnait » pas.

» Il exerçait volontiers sa libéralité envers les hommes » de lettres et envers les jeunes gens de l'un et l'autre sexe, » faisant apprendre des métiers aux uns et donnant aux » autres de quoi se marier.

» Il entretenait, chaque jour, sept tables ouvertes, mais, » dans une si grande abondance, rien ne lui était plus in- » supportable que l'intempérance.

» Quelqu'un de sa maison tombait-il dans l'ivresse, c'é- » tait un congé sans rémission.

» Amateur de chasse et de musique, l'une était, pour » lui, l'image de la guerre qu'il aimait, et lui conservait » les forces nécessaires pour s'y livrer, l'autre servait à ses » délassements et à ses plaisirs; il la sanctifiait en la con- » sacrant à la louange et au culte du Très-Haut.

» Ses envieux l'appelaient le *Fauconnier*, pour rabais- » ser son mérite, parce qu'il était passionné pour la chasse » aux oiseaux et qu'il en avait beaucoup.

» Si sa jeunesse ne fut pas exemplaire, il dévoua le reste » de sa vie à l'expiation de ses égarements. »

Sa postérité fut nombreuse et fit retentir la terre de son nom; on y compte six garçons devenus plus ou moins illustres.

Trop infatué de soi-même, un excès d'amour-propre le porta à vouloir être prince, pour précéder les plus grands seigneurs de France, ses anciens à la cour, qui se moquèrent de lui, en disant qu'il parlait allemand en français et qui surent le maintenir à son rang.

Ne dédaignant pas les petits, il était très sensible aux beaux cadeaux ; aussi ce fut pour lui un jour heureux que celui où il reçut en présent, et pour prix d'un bienfait d'ailleurs, la célèbre et magnifique tapisserie, à fond d'or, de Joinville, estimée trente mille écus, somme immense pour le temps.

Laissant le jaune à son aîné, il avait pris, pour livrée, le blanc et l'incarnat, couleurs, dit-on, chères à son cœur.

Sa dernière maladie le surprit à Fontainebleau d'où il se fit transporter à Joinville où il mourut pieusement, entouré de toute sa famille.

Il fut inhumé à Nancy en 1550.

Sa femme, Antoinette de Bourbon, lui a survécu de plus de trente ans ; elle a fini ses jours en 1583, à l'âge de quatre-vingt-neuf ans, et en réputation, dit l'Étoile, d'une sage et dévote princesse.

N'oublions pas que c'est dans les dernières années de sa vie, bien tardivement, en 1542, que Claude rendit aveu au roi, pour la baronnie d'Elbeuf.

RÉNÉ III DE LORRAINE, MARQUIS D'ELBEUF.

Pour les uns septième, pour les autres sixième fils d'un père qui, comme ses autres enfants, le fit très grand, Réné III de Lorraine, dans l'immense partage de la succession paternelle, eut pour lot la baronnie d'Elbeuf, érigée depuis en marquisat, vers 1555, par faveur pour lui, et à l'occasion de son mariage avec Louise de Rieux, issue du sang royal par sa mère, fille d'un Bourbon-Mont-Pensier;

Fiancé avec cette princesse dès 1550, avant la mort du duc Claude de Guise, son père, il l'épousa en 1554, à 18 ans.

Les noces furent magnifiques ; la famille royale les honora de sa présence, et Catherine de Médicis y fit représenter la tragédie de Sophonisbe, spectacle à la fois bien rare et bien nouveau à l'époque.

Cette alliance a cela en outre de remarquable qu'elle fit rentrer, dans le rameau d'Elbeuf, la partie du comté d'Harcourt, qui en avait été détachee par suite du procès, et du partage intervenu entre les deux sœurs, Jeanne et Marie d'Harcourt,

Né en 1536, mort en 1566, Réné ne vécut que trente ans, mais sa carrière fut bien remplie.

C'est lui qui, le premier, en prenant et portant le nom d'Elbeuf à la cour, l'a, tiré de son obscurité, l'a pour ainsi dire, révélé au monde, l'y a fait connaître, l'a consigné et consacré dans l'histoire qui, avant lui, n'en avait jamais fait mention.

Il débuta, dans les armes, en Piémont où nul, dit un vieux chroniqueur, n'eût été estimé fils de bonne mère, s'il ne fût délogé pour y faire son apprentissage ; c'était dans ce temps, l'école de la jeune noblesse qui y courait en poste, étudier et apprendre le métier de la guerre sous le maréchal de Brissac, un des capitaines les plus habiles et expérimentés qu'eut alors la France.

Il n'avait encore que quinze ans, quand il y servit dans la cavalerie légère sous les ordres du duc d'Aumale, son frere.

A peine sortait-il de page, lorsqu'il endossa le harnais, mais il avait reçu une très bonne éducation, digne, dit Brantôme, d'un très honnête, brave et sage prince comme lui.

Son gouverneur, Rancé de Champagne, surnommé *Contenant*, lui avait donné d'excellentes leçons; entr'autres perfections, il avait de l'éloquence et parlait fort bien; ce qui était encore mieux, ses actions ne valaient pas moins que ses paroles, et rarement quelqu'un a-t-il eu à se plaindre de lui.

Après avoir fait la campagne de Piémont, rentré à Turin en quartier d'hiver, sachant que le roi faisait de grands préparatifs pour une expédition qu'il projetait du côté du Rhin pour le printemps, il prit congé du maréchal de Brissac et revint en France.

A son retour, il obtint une compagnie de deux cents chevau-légers, qu'il eut commission de lever, et avec laquelle il se réunit à l'armée marchant à la conquête des trois évêchés, Verdun, Metz et Toul dont il reçut les clés.

C'est à sa tête que, l'année suivante, il couvrit la retraite de Renty et que plus tard il prit part au combat victorieux, livré par le connétable de Mont-Morency, et où, d'abord enveloppé, il ne fut délivré que par la déroute générale des quatre mille cavaliers ennemis avec qui il en était venu aux mains.

Après cet exploit, il alla, pour son plaisir et son instruction, s'enfermer dans Metz que menaçait l'empereur Charles-Quint.

Il resta dans cette place où s'illustra son frère aîné, le duc de Guise, le plus fameux des Lorrains, pendant toute la durée du siége.

Il s'y distingua dans le poste qu'il occupait aux moulins de la Seille, dans la défense de la brèche et dans plusieurs sorties et escarmouches, dans une, entr'autres, où, feignant de battre en retraite, il fit tête tout-à-coup à ceux qui étaient à ses trousses et les fit repentir de le suivre de trop près.

Le 2 janvier, le jour que les ennemis découragés se retirèrent, il faisait partie d'une embuscade qui leur avait été tendue, mais, en s'y rendant, on les trouva décampés, ne laissant partout après eux que ruine et désolation, des cimetières encombrés, la terre jonchée d'armes, de débris et d'ossements, des villages incendiés, des tentes renversées, une quantité considérable de malades, de morts et de mourants, si bien qu'aux hostilités succédèrent les tendres soins de l'humanité et de la commisération.

La guerre continuant, il fut envoyé en Champagne commander toute la cavalerie légère du corps d'armée aux ordres du duc de Nevers.

Le roi ayant prescrit d'avitailler Mariembourg, on n'y réussit pas sans difficulté.

Partant de Rethel, on avait dix lieux de défilés à traverser dans des forêts coupées de ravins, montagnes et précipices presque inaccessibles, et qui rendaient le chemin dangereux, en favorisant les surprises de l'ennemi qui ne cessait de cotoyer le convoi retardé en outre à chaque instant par le mauvais état des routes.

Toutefois, après avoir marché toute une nuit, on arriva le lendemain vers midi sans mésaventure, et Mariembourg se trouva, en vingt-quatre heures, garni de munitions transportées et entrées à la barbe des Allemands qui en étaient tout confondus.

Cette bonne fortune donna une grande confiance, et fit que l'audace l'emporta peut-être sur la prudence; on résolut d'assaillir l'ennemi dans les postes qu'il tenait et jusque dans son camp.

Réné qui dès lors s'appelait le marquis d'Elbeuf, prince, dit un vieil auteur, pourvu de hardiesse et de toute autre vertu, Réné fut de la partie avec ses huit cents chevau-légers.

Envoyé à la découverte et battre l'estrade, pour éclairer le chemin, ses coureurs lui annoncèrent qu'un bois voisin était fortement occupé par une nombreuse infanterie soutenue de cavalerie.

Se sentant trop faible pour entamer le combat, il attendit, avant de s'engager dans le bois, un renfort d'enfants perdus et d'arquebusiers, mais il ne l'eut pas plutôt reçu qu'il se jeta, avec lui, au plus fort du taillis et parvint, non sans de grands efforts et avec un nouveau secours de quelques compagnies de gendarmerie qui survinrent, à débusquer et chasser du bois toutes les troupes qui le défendaient.

L'action s'étant terminée au soleil couchant, le marquis d'Elbeuf finit la journée en postant avantageusement ses escadrons pour le lendemain, et en assurant leur campement de manière à ce qu'il fût entièrement à l'abri d'être inopinément surpris la nuit.

La lutte recommença au point du jour, mais elle cessa bientôt, après que les Allemands eurent été repoussés sur une hauteur d'où il étaient descendus à notre rencontre, et où il eut été téméraire d'aller les chercher.

On eut, dans cette dernière affaire, un acte d'insubordination à reprocher au marquis d'Elbeuf, bien que vainqueur.

Il avait reçu l'expresse défense de rien mettre au hasard, ce qui ne l'empêcha pas de traverser, sans permission, un ruisseau et de courir au delà battre deux cornettes de Reîtres, envoyées pour le défier.

Si ce défi eut caché un piège et qu'il y fût tombé, le succès qu'il obtint, n'est pas suffisant pour l'absoudre du risque où il exposa l'armée dont il dépendait.

Pendant cette même campagne, entré, sans coup férir, dans Chimay qu'on laissa sans garnison, cette ville fut aussitôt réoccupée par l'ennemi, perdue et fermée pour nous qui fûmes repoussés de ses portes que nous pensions nous être ouvertes.

En 1556, le marquis d'Elbeuf qui alors cumulait les fonctions de commandant de la cavalerie légère et de colonel des suisses, gravit les Alpes au cœur de l'hiver et suivit en Italie son célèbre frère aîné qui y fut conduit par ses secrètes prétentions à la couronne de Naples, y devint le jouet de la Cour Papale et ne tarda pas à en être rappelé, pour accourir à la défense de la France en péril après le désastre de Saint-Quentin.

Notre marquis passa, avec lui, de Rome à Calais, un de leurs plus brillants faits d'armes.

Après en avoir emporté le château de vive force, le marquis d'Elbeuf y fut laissé pour le garder contre les attaques des Anglais qu'on supposait bien devoir faire les plus grands efforts pour le reprendre pendant le temps que la marée montante en comblait les fossés, l'isolait du côté des champs et empêchait de le secourir.

Ce qui avait été prévu arriva, mais, après avoir bravé et soutenu le feu foudroyant d'une artillerie formidable, après avoir résisté à la furie et repoussé la violence de deux assauts désespérés, le marquis d'Elbeuf finit par dégoûter les assaillants et rester maître du château.

Cette victoire amena presqu'aussitôt la reddition de la ville d'où l'expulsion des Anglais purgea à jamais le sol de France de leur odieuse présence.

Après la prise de Calais, notre marquis se rendit au siège de Thionville, dont, pour encourager les artilleurs, en compagnie du fameux Mont-Luc qui le dit lui-même, il ne quitta pas les batteries, toujours dedans couché à plat ventre sur la terre détrempée, derrière un misérable gabion pour sauve-garde.

C'est à cette époque que, pour glorifier ses services, on lui donna une compagnie d'ordonnance, de cent hommes d'armes à commander, faveur qu'ambitionnaient les plus grands princes..

Cette compagnie qui porta et illustra le nom d'Elbeuf, se distingua à Dormans, où elle combattit trente contre un, et où cinquante hommes en firent et ramenèrent quinze cents prisonniers; c'est dans cette même affaire que le duc de Guise reçut au visage le coup qni lui valut le surnom de *Balafré*.

La compagnie d'Elbeuf ne fut pas la seule à porter ce

nom ; plus tard un régiment d'infanterie le reçut aussi et ne le déshonora pas.

Oncle de la belle et célèbre Marie Stuart, le marquis d'Elbeuf assista à ses noces triomphalement solemnisées en l'hôtel de-ville de la fameuse ville de Paris, qui, entr'autres curiosités, y fit représenter une pièce de théâtre de Jodelle, preuve que le goût commençait à s'en répandre, mais, par malheur, remarque l'historien, le tumulte des spectateurs empêcha d'entendre les acteurs.

Après avoir joui du bonheur de sa nièce, heureuse épouse d'un roi de France, le marquis d'Elbeuf eut la douleur de la voir veuve au bout de trois ans, et désolée de retourner en Ecosse où il la reconduisit au milieu des larmes que lui arrachaient les regrets et les chagrins qu'elle éprouvait d'abandonner la France, ses chers amours, objet pour elle d'adieux si tendres et si touchants que la mémoire en est impérissable.

Les douceurs de la paix ayant enfin mis un terme aux fureurs de la guerre, c'est au milieu des fêtes et des réjouissances qui en furent la suite que notre marquis, présent au mariage de Philippe II d'Espagne et d'Elisabeth de France, fut aussi témoin du tournoi tragique où succomba l'infortuné Henri II.

Sous François II qui lui succéda, et dont le règne faisait briller à ses yeux de si flatteuses espérances, il fut chargé de conduire à Leith un secours contre les anglais, nos éternels ennemis, mais le vent, la mer et la fortune lui refusèrent assistance et firent échouer sa mission.

Frère du duc de Guise, chef des catholiques, il marcha

fidèlement sous son drapeau, au milieu des fascinations du protestantisme et des horreurs de la guerre civile; il l'accompagna à la bataille de Dreux, où la joie qu'il eut de le voir triompher, fut tempérée par la douleur que lui donna la mort d'un de ses autres frères, le Grand-Prieur, dont il reçut le dernier soupir, fruit de ses prouesses à cette même bataille où un excès de fatigue le tua.

A cette perte vint bientôt s'en ajouter une nouvelle, il eut à pleurer celui même dont la victoire l'avait tant réjoui à Dreux, et qui fut misérablement assassiné devant Orléans.

Il poursuivit ce crime jusque sur les marches du trône, et en demanda raison et justice au souverain lui-même.

Le siége d'Orléans, si fatal à son frère, fut aussi funeste à la réputation de notre marquis.

Se trouvant en Normandie, peut-être à Elbeuf, au moment où les protestants, pour faire diversion, fondirent à marches forcées sur Caen, il se jeta dans cette place, bien résolu à en défendre le château jusqu'à l'extrémité, mais les effets ne répondirent pas à ses intentions premières.

Sommé de se rendre, il accepta trop facilement une capitulation, séduit qu'il fut par les égards que lui témoignèrent les assiégeants très satisfaits d'avoir à si bon marché un fort presque imprenable, ce qui fit dire plus tard à Catherine de Médicis, après avoir visité cette forteresse, qu'elle ne comprenait pas comment le marquis d'Elbeuf n'avait pas su mieux la garder, quand des femmes auraient pu la défendre avec leurs quenouilles.

Un auteur contemporain, Mergey, ne lui est pas plus favorable, mais un troisième l'excuse pour cause de maladie.

Brantôme lui-même, qui pourtant ne lui épargne pas les éloges, lui fait aussi quelques reproches : il le blâme d'avoir brigué et emporté le généralat des galères, charge dont était à la vérité pourvu son frère, le grand prieur, mais qui avait été ravie, pour l'en gratifier, au baron de Lagarde, honneur et soutien de la marine française, vénérable vétéran qui la méritait à tous égards et à qui elle aurait dû revenir après la mort du favori.

Monsieur d'Elbeuf, dit Brantôme, se serait bien passé de cet emploi, car il en avait assez d'autres, était assez grand et assez riche, sans prendre cette fonction, dans laquelle il était novice, n'ayant jamais pratiqué la mer.

Enfin, devenu marin bon gré mal gré, le marquis d'Elbeuf se fit pardonner ses convoitises par ses services, il s'adonna aux constructions navales, et, entr'autres, il fit faire une magnifique galère - modèle, vrai progrès pour le temps, galère que de ses titres et qualités, il nomma la *Marquise*.

Un autre service qu'il rendit, fut de dresser et faire promulguer un excellent réglement pour empêcher tous conflits entre les généraux des galères et les amiraux, régulariser leurs droits et leurs pouvoirs, et fixer leurs attributions respectives, réglement encore invoqué et recommandé par le cardinal de Richelieu, en 1638.

Un des derniers actes du marquis d'Elbeuf eut pour but la vengeance de l'insulte faite, par le connétable de Montmorency, au cardinal de Lorraine, son frère, attaqué dans la rue Saint-Denis et obligé de se réfugier chez un marchand sous le lit d'une servante ; il avait déjà rassemblé ses amis, pour avoir raison de cette violence, suite d'inimitiés entre les deux maisons de factions rivales, quand un ordre formel du roi arrêta et étouffa la querelle.

Le marquis d'Elbeuf n'eut que deux enfants, un fils qui devint duc d'Elbeuf et une fille mariée au duc d'Aumale, son cousin, alliance dont un des rejetons fut tenu sur les fonts baptismaux par le roi Henri III et la reine Louise de Vaudemont, au château d'Anet, dont l'ameublement a été si plaisamment décrit par Sully, de mauvaise humeur au reste du méchant gîte qu'il y avait trouvé et de la piteuse nuit qu'il y avait passée.

Cette faveur d'Henri III pour le duc d'Aumale ne lui assura pas sa foi ; il l'en récompensa en devenant un de ses premiers et plus acharnés ennemis, à la naissanse de la Ligue ; il fut même pendu en effigie comme complice du moine Clément, son assassin.

Le marquis d'Elbeuf fut chevalier d'un ordre royal.

Ajoutons, comme peinture de mœurs, que c'est en cette qualité et comme un des plus grands seigneurs présents, qu'en 1565, avec le prince dauphin d'Auvergne, les ducs de Nemours et de Guise, il porta le dais du Saint-Sacrement à une procession où assistaient les grands dignitaires et officiers, le parlement et l'hôtel-de-ville, tous les pouvoirs constitués de l'époque, procession faite en réparation d'un sacrilége commis à Sainte-Geneviève.

La princesse Marie d'Elbeuf, fille de Réné, actrice dans la tragédie de Blois, n'est pas le personnage historique le moins curieux de la Ménippée.

CHARLES 1er, PREMIER DUC D'ELBEUF.

Fils unique de René III de Lorraine, Charles 1er hérita seul du marquisat d'Elbeuf en 1566, dans sa dixième année.

Accouru à la suite du duc de Guise, il fut présent, à l'âge de seize ans, aux massacres de la Saint-Barthélemi, pendant que son futur beau-père, le comte de Charny, sauvait par sa prudence les protestants de Bourgogne, en ajournant l'exécution des ordres royaux.

L'année suivante, il se rendit au siège de La Rochelle d'où il fut député au devant des ambassadeurs arrivant pour offrir la couronne de Pologne au duc d'Anjou, connu depuis sous le nom de Henri III.

Ce prince était à peine devenu l'objet des hommages des Polonais qu'il s'y déroba pour venir s'asseoir sur le trône de France où l'appelait la mort de Charles IX, son frère; il prit sa route par Venise où le marquis d'Elbeuf se trouva à sa rencontre.

A son retour, il alla rejoindre sa compagnie d'ordonnance, celle d'Elbeuf, et combattre, avec elle, à Dormans, où elle honora son nom.

Il suivit ensuite, aux Pays-Bas, l'armée du duc d'Alençon dont il trahit la cause, en l'abandonnant avec quatre cents cavaliers, pour ménager les Espagnols, nos ennemis, avec qui les princes de Lorraine s'entendaient déjà pour le triomphe de la Ligue.

Cette coupable désertion qui aurait dû le faire disgracier, ne lui fit rien perdre de sa faveur, puisqu'à cette époque elle ne l'empêcha pas, ayant au plus vingt-six ans, d'être nommé duc et pair, « poste, dit Tavannes, qu'il » n'aurait pas recherché si vite, s'il eut attendu et se fut » soucié d'être grand avant d'être élevé, et que, comme » personne incapable et de peu de moyens, il n'aurait jamais obtenu, si on eut considéré les degrés qui l'y avaient » conduit, et si on eut voulu, pour lui conférer cette dignité, que l'âge l'en eut rendu digne et qu'il l'eut méritée par ses services. »

Une fois duc et pair, Charles Ier chercha à se rehausser encore par une grande alliance ; son choix se fixa sur Marguerite Chabot, fille aînée de Chabot, comte de Charny-Buzançais, grand écuyer de France après son beau père, le comte de Boissy, et lieutenant de roi au gouvernement de

Bourgogne, sur la résignation de Gaspard de Tavannes, maréchal de France, qui y fut trompé.

Il ne s'était démis de la lieutenance de Bourgogne que sous la promesse expresse qu'on la rendrait bientôt à son fils, Guillaume, époux de Catherine Chabot, mais le comte de Charny, infidèle à sa parole, au lieu de restituer cette charge à son gendre, la fit passer à son jeune fils, depuis loyal lieutenant de roi, bien que déloyalement pourvu par un père « en réputation pourtant, dit Brantôme, d'être un » fort honnête et vaillant seigneur, homme de bien et » d'honneur. » mais Brantôme n'est pas très-scrupuleux.

Ce mariage rendit le duc d'Elbeuf neveu des Larochefoucauld, beau-frère des Tavannes, des Tillières et des Cheverny, ce dernier marié, à treize ans, à une femme de onze ans.

Singularité! Par cette union, contractée au chateau de Pâgny, en présence du duc de Guise, il devint aussi petit-fils du célèbre amiral Brion, victime de son oncle, le cardinal de Lorraine, après avoir été favori de François Ier qui le sacrifia à la jalousie du prélat.

Cette alliance, qui valut au duc d'Elbeuf de grands domaines en Bourgogne et qui le lia si intimement à ses gouverneurs, fut cause qu'on lui attribua plus tard l'intention de s'en faire une principauté souveraine et indépendante, mais il n'en existe aucune preuve, et il y a toute probabilité qu'il n'y songea jamais, par l'impossibilité même de faire prévaloir ses désirs, s'il en avait eu, contre les projets du duc de Mayenne, son tout-puissant oncle, qui y prétendait ouvertement, à main armée, et qui était maître d'une grande partie de la province aux mains des royalistes pour le reste.

Ce fut dans ce temps que le duc d'Elbeuf échappa à une accusation d'assassinat.

Taxé d'avoir offert dix mille écus pour tuer le roi, son accusateur, garde du corps, ne put prouver le fait et fut décapité.

Si le duc d'Elbeuf n'était pas un vil assassin, il n'en était pas moins un coupable rebelle.

A l'imitation de ceux de son parti qui faisaient la guerre dans le Berry, l'Orléanais, la Champagne et la Bourgogne, il n'eut rien de plus pressé, après son mariage, que de se jeter en Normandie, d'y fomenter la révolte, au nom de la Ligue qui commencait à lever la tête, d'y rassembler une armée à laquelle Henri III, envers qui il montrait tant d'ingratitude, opposa le duc de Joyeuse, et que ne tarda pas à dissiper le traité de Nemours qui donna tout pouvoir aux princes Lorrains, obligés cependant de reconnaître alors, à leur confusion et malgré ce qu'ils en faisaient publier, qu'ils n'étaient ni descendants, ni successeurs, ni héritiers des Carlovingiens.

La ligue victorieuse, disposant de l'esprit du roi à qui elle avait imposé ses lois, le força de poursuivre les protestants.

Cette nouvelle lutte amena les rencontres de Vimori et d'Auneau, deux fleurons de la couronne militaire des Guise.

C'est dans ce dernier combat que le duc d'Elbeuf, escaladant de nuit les murs du parc d'Auneau, donna, aux Allemands consternés, à la pointe du jour, une si bonne aubade que peu s'en sauvèrent.

Les princes lorrains, se croyant désormais maîtres absolus de la France, se réunirent à Nancy, pour en régler les destinées.

Ils y complotèrent, tous, et arrêtèrent de renverser Henry III que les plus influents d'entr'eux brûlaient de remplacer; les cadets qui n'avaient pas la même espérance, se promirent, eux, secrètement dans leur cœur, de démembrer la France à leur profit, et de s'y créer des souverainetés particulières, malgré leurs aînés, malgré surtout Henri de Guise, chef de leur maison, dont ils ne supportaient le joug qu'avec impatience, joug qu'il faisait peser si lourdement sur leur tête, avec tant d'empire et de hauteur qu'il leur était devenu insupportable, outre que son ambition effrénée, malgré qu'elle fût le fondement de leurs espérances, leur faisait entrevoir une catastrophe, et qu'en révolte presque continuelle contre l'autorité royale, ils craignaient que ses attentats ne fussent enfin punis, et que leur répression n'entraînât leur ruine, la chute de sa maison et de sa famille entière.

Cette opposition, née de divisions intestines, est connue dans l'histoire sous le nom de faction Caroline, parce que tous ses membres s'appelaient Charles.

Le complot de Nancy amena les barricades de Paris, où assista aussi le duc d'Elbeuf.

Voilà de quelle monnaie il a toujours payé les faveurs et les bontés que Henri III lui a prodiguées, bien que, selon le trop facile Brantôme, il fût très bon prince d'honneur et de vertu.

Toutefois le jour des vengeances approchait.

Les Etats de Blois se rassemblent, leur esprit factieux se montre à découvert, ils vont déposer Henri de Valois et couronner Henri de Guise, mais la mort prévient l'usurpation.

Le duc d'Elbeuf, lui, est arrêté; sa captivité, selon les uns, dura trois ans, selon les autres cinq ans.

Traîné de Blois à Amboise, après avoir tremblé pour sa vie, ramené d'Amboise à Blois, incarcéré un moment au château d'Azé, enfermé enfin dans la tour de Loches, il n'en sortit qu'après avoir compté avec le duc d'Epernon à qui il avait été livré pour en tirer rançon.

Pendant sa prison il fut sur le point d'être délivré plusieurs fois.

La première, un certain Lognac, son geôlier, séduit par la cupidité, voulut se faire payer sa liberté par la Ligue, mais le roi couvrit l'enchère et le resserra plus étroitement.

Par suite Lognac congédié, l'infâme scélérat qui fut tout à la fois le protégé et l'assassin du duc de Guise, Lognac s'en alla en Guyenne se faire assassiner lui-même par un de ses voisins avec qui il était en querelle.

O Providence!

Une autre fois le duc de Mayenne tenta l'échange du duc d'Elbeuf contre le comte de Brienne, son prisonnier, mais le duc d'Épernon, aimant mieux l'argent que la délivrance du comte de Brienne, quoique son beau frère, maintint le duc d'Elbeuf sous les verroux.

Plus tard le duc de Mayenne sacrifia lui-même le duc d'Elbeuf à l'ambition de régner, en refusant d'accepter une paix honorable, qui lui aurait rendu la liberté.

Enfin dans l'échange proposé contre les dames de Longueville, ce fut le comte de Chaligny qui eut la préférence sur le duc d'Elbeuf, qui ne put définitivement sortir de prison qu'après avoir satisfait l'avidité du duc d'Épernon.

Ce qui prouve la perfidie et la duplicité du sang lorrain, c'est que, pendant que Mademoiselle d'Elbeuf avertissait le roi des menées du duc de Guise et l'excitait contre lui, le duc d'Elbeuf son frère prévenait au contraire le même duc de Guise des projets sinistres qu'on méditait contre lui, sans toutefois pouvoir l'en convaincre.

Il était même si aveuglé qu'il lui répondit par dérision : « Je vois bien que vous avez consulté un almanach de l'année, car tous sont farcis de menaces pareilles. » Est bien sourd qui ne veut pas entendre. »

Dès qu'il fut libre, on fit au duc d'Elbeuf les offres les plus brillantes, pour le retirer de la rébellion et lui faire reconnaitre Henri IV, mais la Ligue l'emporta sur la raison.

Il refusa pensions, bénéfices, le payement de ses dettes, le gouvernement du Bourbonnais, et préféra gagner le Poitou, s'y rendre maître, s'emparer de Poitiers, en chasser le comte de Brissac qui plus tard s'en vengea en livrant Paris, et se faire un petit centre de domination, où il n'avait à relever que de lui seul.

Mayenne ayant convoqué les États Généraux, il s'y rendit et vint à Paris pour l'ouverture où il figura.

Elle eut lieu dans la chambre royale du Louvre ; le duc

de Mayenne y siégea sous un dais de drap d'or, et le duc d'Elbeuf, à sa gauche, dans un fauteuil de velours cramoisi à passements d'or ; les fleurs de lys furent bannis de l'appartement.

La plus mémorable séance où le duc d'Elbeuf ait assisté et qui le rendit tout joyeux, fut celle du 25 mai 1593.

Les Espagnols y proposèrent leur Infante pour reine et son mariage avec un prince français au choix des États.

Le duc d'Elbeuf qui voyait déjà le sceptre dans sa famille, en fut charmé, mais la froideur des États, la protestation du parlement et celle de l'évêque de Senlis, un des plus fougueux ligueurs, contre le renversement de la loi salique, ne tardèrent pas à le désenchanter.

La Ligue se défilant, et les bons Parisiens, par députation, demandant, à grands cris, la trève ou la paix, il fut obligé de leur faire un gracieux accueil, et de promettre d'appuyer leur requête, raisonnable d'après lui qui leur en imposait, faisant contre fortune bon visage.

Il jouait si bien double jeu que, pendant qu'il amusait ainsi les Parisiens, il jurait entre les mains du légat, de maintenir inviolablement la sainte Ligue, de s'y dévouer mieux que jamais, sainte Ligue qu'il était le premier à détruire, en méconnaissant ses chefs, rejetant leurs instructions, désobéissant à leurs ordres, et se rendant indépendant, sainte Ligue qu'il était sur le point de renier et d'abandonner lui-même. La preuve en est dans sa visite au roi à Saint-Denis pendant la trève, visite qui se passa assez plaisamment pour être racontée.

Le roi jouait à la paume; avisant le duc qui s'approchait, il quitta le jeu, en disant : il faut que j'accole ce grand garçon.

« S'étant réunis, il s'enfermèrent ensemble pendant deux » heures au moins; le roi fit boire son hôte d'autant et but » aussi, puis fut, avec lui, jusqu'au grand marché où le » duc d'Elbeuf prit congé de sa majesté, ce qui fit courir » le bruit qu'on aurait la paix. »

Pendant la tenue des États, notre duc eut, avec un certain Zamet, florentin venu à la suite de Catherine de Médicis, une aventure, image assez caractéristique des mœurs qui régnaient alors.

Ce Zamet, d'abord cordonnier, puis banquier, partisan, épicurien, homme de plaisir, Lucullus qui se disait seigneur de dix huit cent mille écus, ce Zamet donnait, chez lui, à manger et à jouer aux grands seigneurs qu'il traitait si bien qu'il fallait souvent les rapporter chez eux sur un matelas, entr'autres le duc de Mayenne peu retenu sur le vin.

Un jour que le duc d'Elbeuf y joua, il paraît qu'il gagna à Zamet une assez forte somme dont il ne put se faire payer.

Après y avoir employé le vert et le sec, sans autre forme de procès, il enleva Zamet de Paris.

Cette violence dénoncée à la robe, les avocats furent d'avis, vu la qualité des parties, de les renvoyer par devant la Sorbonne à qui on prêta le jugement suivant :

Reverendissima domina Pariensis facultas, super facto domini ducis d'Elbeuf legitimè congregata, decrevit et decernit quòd supra dictus dominus, dux d'Elbeuf, in quantum est princeps domus de

Lotharingia, est similis papæ, aut certè proximè eum sequitur ratione catholicitatis, et ideò quod fécit potuit facere et benè fecit, et Zamet captus ab eo, dicimus et decernimus quòd benè captus fuit, et quòd debet solvere et solvet.

Le moment était arrivé où les peuples fatigués de souffrances, las de la révolte, ne soupiraient plus qu'après la paix, et ne désiraient que faire leur soumission et rentrer dans le devoir, à l'exemple de Lyon, Rouen et Paris.

Bien en prit au duc d'Elbeuf de prendre les devants, pour faire son accommodement, car, s'il eut attendu plus tard, les poitevins l'expulsaient de leur ville et traitaient sans lui qui, n'ayant alors plus rien à offrir, aurait été forcé, bon gré, mal gré, de subir le sort qu'on lui aurait fait.

Mais la fortune qui lui souriait, lui ménagea une bonne composition, trop bonne pour un factieux comme lui, si loin de la noblesse de cœur du gouverneur de Beauvais qui, conseillé de mettre aussi le roi à rançon, répondit : « je ne veux point que l'on me reproche d'avoir été de ceux qui ont vendu au roi son propre héritage. »

Le malheur est que cette magnanimité faisait exception au milieu de la corruption générale, et que les plus fidèles étaient moins récompensés que les rebelles.

L'arrangement du duc d'Elbeuf lui valut un million en or, le gouvernement du Poitou, échangé plus tard contre celui du Bourbonnais; il fut dans la suite nommé grand-veneur, grand-écuyer et chevalier d'un ordre royal.

Après avoir combattu contre Henri IV, on le vit, à Fontaine-Française, combattre à ses côtés, avec la compagnie d'Elbeuf, qui lui appartenait.

La valeur était la qualité distinctive de notre duc ; il se montra si brave à Fontaine-Française, qu'il l'emporta sur tous, et que le roi, dit d'Aubigné, ne parut parfaitement content que des ducs d'Elbeuf et de la Tremouille qui se joignirent ensemble de bonne grâce pour abattre la rosée devant Sa Majesté.

Henri IV, ajouterons-nous, n'alla, prétend Sully, en Bourgogne que d'après les avis du duc d'Elbeuf qui y avait des intérêts à défendre.

En 1597, le duc d'Elbeuf faisait partie du conseil royal.

En 1599 la chronique mentionne qu'il eut l'honneur d'avoir le roi à souper.

En 1600 on le retrouve, les armes à la main, à la conquête de la Bresse et de la Savoie.

Près de Genève, il eut la curiosité de visiter ce berceau du calvinisme, mais sa présence et celle d'une foule d'autres seigneurs catholiques ayant alarmé les habitants, il fut obligé, par ordre du roi, pour les rassurer, de sortir de la ville. La même année, il était témoin à Fontainebleau, dans une conférence religieuse, des triomphes du catholicisme sur le protestantisme.

Il mourut en 1605, âgé de quarante-neuf ans.

Il laissa deux fils, Charles II qui continua la branche d'Elbeuf, et Henri d'Harcourt, qui commença celle d'Armagnac, éteinte dans le dernier duc d'Elbeuf, le prince de Lambesc.

Chose étonnante que le nom ennemi d'Armagnac en horreur au premier des Lorrains d'Elbeuf, souche de tous les autres, ait été pris par ses descendants ! vicissitudes humaines !

On a écrit que Henri IV était venu à Elbeuf visiter le duc dans son manoir, pendant les années 1592 et 1594 ; c'est la plus grande des erreurs.

En 1592 le duc d'Elbeuf était en prison.

En 1594 il fut en pleine révolte jusqu'au mois d'août, et Henri IV ne quitta pas Paris cette année.

Ayant,pour l'assemblée des notables dont le duc d'Elbeuf ne faisait seulement pas partie, passé six mois à Rouen, de la fin de 1596 au commencement de 1597, il aurait pu visiter Elbeuf pendant son séjour en Normandie à cette époque, mais aucun historien n'en fait mention.

Groulard qui parle de ses nombreuses chasses, chasses qui auraient pu le conduire vers les forêts d'Elbeuf et l'amener dans la bourgade alors existante, n'en dit absolument rien, bien que dans ses mémoires il soit question d'Elbeuf ailleurs et pour un autre objet.

Il est même à remarquer que Henri IV, pendant le siége de Rouen, loin de venir à Elbeuf qu'il aurait pu traiter en pays ennemi puisque c'était le domaine d'un factieux armé contre lui, le dédaigna comme proie et comme poste, bien que tous les environs fussent en sa puissance, le dédaigna si bien que les ligueurs furent sur le point d'y jeter un pont pour aller surprendre ses troupes campées sur la rive gauche et bloquant le faubourg Saint-Sever.

Marguerite Chabot, épouse de Charles Ier, fonda, pour lui, après sa mort, en l'église Saint-Jean, une messe solennelle, à célébrer chaque mercredi, moyennant six sols par semaine.

concentrés tous ses intérêts, elle était chez elle, souveraine au milieu de ses domaines, tandis qu'à Elbeuf elle aurait été chez son fils.

Elle y est seulement venue momentanément pendant sa minorité, à l'époque de la mort de son père, à l'époque où le comté d'Harcourt fit retour à sa branche, pour y exercer sa surveillance et sa sollicitude de tutrice et de mère, mais elle n'y faisait pas sa résidence habituelle.

Elle était fixée en Bourgogne où même elle reçut son fils lorsqu'il fut exilé, et à Paris où elle fut longtemps malade et où elle est morte, après quarante-sept ans de veuvage, dont elle ne passa que très peu à Elbeuf.

Puisqu'il est question du fils et de la mère, disons tout de suite que, comme les pauvres mères ont souvent plus de faible pour les mauvais que pour les bons sujets, Marguerite Chabot aimait mieux son fils Charles, sans cesse infidèle à tous ses devoirs, que son fils Henri, le célèbre comte d'Harcourt, qui ne s'en est jamais écarté du vivant de sa mère.

Sa faiblesse pour l'un et son injustice envers l'autre allèrent même si loin que Louis XIII crut devoir intervenir comme père commun.

Marguerite fut citée au Parlement où le roi se rendit et fit appeler, en sa présence, la cause du comte d'Harcourt contre la douairière d'Elbeuf, sa mère.

La discussion ouverte, la duchesse d'Elbeuf faisant défaut, ne s'étant trouvé ni procureur, ni avocat pour la défendre, on proposa d'entériner les lettres patentes accordées au comte d'Harcourt, pour lier les mains à sa mère et lui interdire toutes dispositions au préjudice de ce puîné qu'elle n'aimait pas.

L'interdiction était fondée sur ce que madame d'Elbeuf était aveuglement passionnée pour son aîné, tandis qu'elle ne cessait de donner à son cadet des marques d'aversion.

Or le roi était persuadé que madame d'Elbeuf ne favorisait le premier que parce qu'il était rebelle, et ne lèsait le second que parce qu'il n'avait pas voulu imiter son frère dans la révolte.

Toujours est-il que, mandée et comparue, accusée d'être complice du duc, son fils, sans convenir qu'il lui était cher par sa félonie et que le comte d'Harcourt lui était odieux par sa fidélité, la douairière, en présence de ses juges qui l'invitèrent à de meilleurs sentiments, ne voulut jamais promettre de donner à ce dernier aucune marque d'affection maternelle.

Sur quoi le comte d'Harcourt demanda l'enregistrement que le roi ordonna, toutes formalités remplies.

Marguerite Chabot eut encore, avec la duchesse de la Trémouille, un autre procès dont un prétendu arbitrage servit à couvrir bien des réunions factieuses.

Le roi ayant accompli sa treizième année, et pouvant, d'après les lois du royaume, être reconnu majeur, le duc d'Elbeuf l'accompagna au parlement, pour en faire vérifier la déclaration.

La majorité n'apporta aucun changement dans le gouvernement que Marie de Médicis continua à diriger.

Le duc d'Elbeuf qui espérait tout de ses bonnes grâces, resta attaché à ses intérêts, tant que la fortune lui sourit.

Quand son étoile vint à pâlir, il porta ailleurs ses hommages et ses flatteries.

Courtisan du duc de Luynes, il contracta, pendant sa toute puissance, une alliance quasi-royale, malgré l'anathème de Henri IV.

Ce roi qui avait eu tant à souffrir des princes de Lorraine, s'était promis leur extinction en France ; il voulait les empêcher de se marier et que leur race finît en ceux qui existaient de son temps, mais, vanité des projets de l'homme, la mort en ordonna autrement.

Dès qu'il eut les yeux fermés, les mariages qu'il voulait interdire eurent lieu ; le duc de Guise, à la grande joie de sa lignée, épousa madame de Montpensier, veuve d'un prince du sang, union qui le rendait beau-père du duc d'Orléans, frère du Roi, et l'approchait du trône ; le duc d'Elbeuf entra aussi dans sa famille et obtint la main de sa fille légitimée, Henriette d'Estrée, demoiselle de Vendôme, quoique recherchée par messieurs d'Ancre, de Luynes, Rosny, Longueville et Montmorency, ses rivaux.

C'est cette Henriette, née à Rouen, en 1596, l'année même de la naissance de son mari, pendant l'assemblée des notables si scandalisés des pompes de son baptême fait à Saint-Ouen, en présence des grands du royaume, avec tant d'appareil, de cérémonies, de réjouissances et d'éclat, et blamé comme trop magnifique pour un enfant bâtard qu'on aurait dû dérober plutôt qu'exposer à des yeux que de pareilles turpitudes faisaient encore baisser de confusion.

Charles et Henriette unirent leurs destinées en 1619,

année où le bourg d'Elbeuf eut un pavage qu'ils firent faire sans doute comme cadeau de noces.

Une fois marié, le duc d'Elbeuf fut mis à la tête d'une armée et envoyé en Normandie pour y maintenir la tranquillité; il avait sous ses ordres le maréchal de Lachâtre chargé de le seconder et qu'il commandait en qualité de prince.

Qu'avait donc Elbeuf tant à trembler en ce moment où son seigneur lui-même veillait à la paix et à la sûreté du pays?

Ce fut probablement une de ces peurs paniques que la veille voit éclore et que dissipe le lendemain ; il n'en est pas moins singulier de la voir consignée sur un registre de baptêmes.

Un écrivain qui se croit infaillible et qui ne voit qu'erreurs chez les autres, a commis sur des faits correspondant à l'époque où nous sommes, des méprises qu'on ne doit pas passer sous silence.

Cet écrivain raconte que le premier né de Charles II vit le jour dans le vieux manoir d'Elbeuf; or cet écrivain se trompe.

Où va-t-il loger une jeune épousée dans un vieux manoir, la reléguer de la cour dont elle était inséparable, et faire quitter Paris à une duchesse pour accoucher dans une bourgade !

Ensuite il ne résulte pas de feux de joie faits à Elbeuf le neuf juillet que l'enfant ducal y soit né le sept; pour le prouver il faudrait un acte de naissance ou de baptême qui n'existe pas.

Les réjouissances même du neuf, pour une naissance du

sept, montreraient seules qu'elle n'a pas eu lieu à Elbeuf, où l'on n'aurait pas attendu deux jours pour de pareilles démonstrations.

Supposition gratuite, véritable invention inconsidérément faite à dessein, une autre méprise attribue le voyage de Louis XIII à Rouen à des séditions manufacturières, à des cris populaires contre de nouvelles taxes et des édits bursaux, tandis qu'il est certain que ce roi est venu, non pour apaiser l'agitation du peuple des villes, qui ne remuait pas, mais pour réprimer les entreprises du duc de Longueville, l'animosité de la noblesse des campagnes, et ruiner le parti factieux de la reine-mère.

Il n'est pas plus judicieux de mettre, dans ce temps, au nombre des citoyens d'Elbeuf, les Leroux qui l'avaient répudié depuis plus d'un siècle.

Le duc d'Elbeuf siégea au parlement à la droite du roi pendant son séjour à Rouen.

L'ordre assuré en Normandie, le duc d'Elbeuf, quoique appelé au gouvernement de Picardie, gouvernement frontière, gouvernement de confiance, suivit le roi en Guyenne, pour y faire la guerre aux huguenots en armes.

Les premiers qu'il attaqua, furent les Rochelois qu'il surprit à la construction d'un fort qui fut rasé par suite de leur défaite.

De La Rochelle il marcha vers Saint-Jean-d'Angely où, allant reconnaître le faubourg d'Aunis, pour s'y loger, il reçut un coup de mousquet dont la balle, par bonheur, passa entre les deux os de sa jambe, sans la rompre.

Il assiégea ensuite le château de la Force et le prit, après avoir battu le convoi destiné à le rafraîchir.

Montravel subit le même sort, lui ayant refusé une capitulation, pour l'avoir à discrétion.

Tonneins lui coûta plus d'efforts; il en fit le siége avec le maréchal de Thémines qui lui était subordonné.

C'est sous ses murs qu'il fit l'action peut-être la plus belle de sa vie.

Au désespoir de voir les approches de la place, tranchées et logements, au pouvoir des assiégés, il résolut de les reprendre, d'en chasser l'ennemi ou de périr.

S'adressant alors aux officiers et aux soldats qui avaient perdu leurs postes : « Quoi! Messieurs, leur dit-il, les ennemis nous auront débusqués, auront pris en une nuit ce que nous n'avons pu gagner qu'avec tant de temps, et nous ne pourrons faire en plein jour ce qu'ils ont fait en pleine nuit!

» Pour moi, je suis déterminé à mourir, ou à les chasser aussi vite qu'ils nous ont chassés, et je ne veux pas attendre plus de temps à l'exécuter qu'il y en a jusqu'à midi.

» Je ne doute pas que tout le monde ne me suive, puisque tout le monde y est engagé d'honneur comme moi, et aurait honte de survivre à un tel affront.

» Ainsi, Messieurs, je n'ai point d'autre ordre à donner, sinon que, midi venu, chacun aille droit à son poste, pour l'emporter, le recouvrer ou y mourir. »

Ce discours remua tellement les esprits, et anima de telle sorte tous ses gens que, se voyant déshonorés s'ils ne suivaient leur général, et s'ils ne secondaient généreusement son dessein, ils le firent avec une vigueur et une ardeur tout extraordinaires, et, malgré la résistance qui fut très-grande, ils regagnèrent tous leurs postes, et remirent dès le soir les tranchées et les travaux au même état qu'auparavant.

Le siége dura encore quelque temps, mais, après avoir repoussé tous les secours que le marquis de La Force voulait jeter dans la place, elle fut emportée et réduite en cendres, tant était grande l'exaspération des assiégeants forcés d'escalader la ville basse et ses barricades, d'attaquer en forme la ville haute et le château dont on ne se rendit maître qu'à la dernière extrémité.

Après la réduction de Tonneins, le duc d'Elbeuf fit les approches de Sainte-Foi où il tint table ouverte; il s'en empara, y précéda et reçut le roi qui y célébra la fête du Saint-Sacrement et pacifia tout le pays.

De retour à la cour, le duc d'Elbeuf fut souvent appelé au conseil royal; il n'avait encore que vingt-deux ans.

Ici commence la série de ses intrigues, de ses cabales, de ses machinations, de ses noirceurs, de ses bassesses, de ses trahisons.

Mêlé à toutes les factions, tantôt il anime le duc d'Orléans cotre Richelieu, tantôt il sert les vues de ce cardinal; il favorise le matin ceux qu'il dessert le soir, caresse et dénigre tour à tour tous ses amis de cour, aujourd'hui avec l'un et demain avec l'autre, Espagnol de la veille, Français du lendemain; il demande et obtient pardon pour le duc de Vendôme, son beau-frère, accusé de conspiration, et il se rend coupable du même crime; il s'oppose, contre le bien de l'État, à l'alliance de Mantoue, dans la crainte que cette maison ne s'élève au-dessus de la maison de Lorraine, sans se douter qu'un jour ses enfants la courtiseront pour faire une de ses petites filles duchesse de Mantoue ; enfin, il n'est pas de trames qu'il n'ourdisse si artificieuses qu'elles soient.

Au milieu de ses variations, son avidité ne varie pas.

Apprend-il qu'une Espagnole, établie à Paris et non naturalisée, vient de mourir, laissant une riche succession ; c'est une aubaine considérable qui vient d'une lingère, n'importe, vite il court la mendier, ravalant honteusement sa qualité de prince, duc et pair, et s'avilissant pour l'or d'une lingère.

La crainte d'une guerre imminente le fit partir de Paris pour son gouvernement de Picardie, avec ordre d'y toujours demeurer ; ses instructions portaient qu'on se confiait assez à sa vigilance pour espérer qu'elle saurait mettre cette frontière à l'abri, de manière à n'y devoir rien appréhender ; il lui était enjoint de l'approvisionner, d'en compléter les garnisons, relever les fortifications, et d'aviser à ce que ses amis et sa compagnie de gendarmes fussent prêts à la secourir.

Son absence momentanée n'interrompit en rien ses menées ambitieuses ; Madame d'Elbeuf, sans cesse à la cour, quoique n'étant pas, dit Fontenay, de la meilleure compagnie, y pourvut pour elle et pour lui.

Le mari et la femme, malgré qu'ils fussent comblés de faveurs et de bienfaits, firent si bien, tant osèrent déclamer, décrier, invectiver, médire, calomnier, comploter, animer, passionner et irriter la reine-mère et le duc d'Orléans qu'ils furent successivement chassés de la cour, exilés, non pas à Elbeuf, mais en Bourgogne, au Château de Pagny où se tenait habituellement la douairière Chabot; on les déclara criminels de lèse-majesté; le mari, devenu transfuge, fut de plus condamné à mort, pendu en effigie, destitué de tous emplois, charges et dignités, tous ses biens séquestrés et confisqués, ce qui ne contribua pas à rétablir ses affaires domestiques, et enfin dégradé de l'ordre royal, cérémonie flétrissante, où fut tiré de son rang, traîné à terre et rompu le tableau de ses armes, sa personne étant proclamée infâme.

C'est ainsi que les princes lorrains, après avoir fait le malheur des deux derniers règnes, continuèrent à troubler celui de Louis XIII, car la princesse de Conti et le duc d'Elbeuf, principaux instigateurs des désordres qui l'agitèrent, étaient issus du sang lorrain.

Il est même probable que, s'il n'eut pas eu un Richelien en tête, le duc d'Elbeuf, qui avait de vastes pensées, dit Montglat, aurait été plus qu'un intrigant de cour.

Du reste il se montra digne des rigueurs qu'on exerça contre lui.

Il passa à l'étranger avec six cents chevaux, suivit, en Lorraine d'abord, puis à Bruxelles, le duc d'Orléans qui pourtant n'était pas content de lui, mais un sort commun, un même ressentiment les réunit, à ce point que, pour son intérêt, parce qu'on ne voulait pas lui rendre le gouvernement de Picardie, il affermit et fit persister le duc d'Orléans dans la révolte.

Pour se venger de Richelieu, ils firent à leur patrie une guerre parricide ; à la tête de satellites étrangers, ils entrèrent à main armée en France, et s'y partagèrent le commandement.

Dans la route, il ne fut pas de gîte, pas d'étape où les Allemands et Espagnols, faisant partie de leurs troupes, ne demandassent d'argent, et, malgré, disent les Mémoires de Gaston, qu'on ne leur en donnât jamais, monsieur d'Elbeuf savait si bien les amadouer qu'ils s'en retournaient toujours contents, les payant d'espérances et de belles paroles dont il était fort libéral.

Le duc d'Elbeuf avait d'abord voulu s'emparer par séduction des villes d'Ardres et de Rue, mais, loin de se laisser corrompre, le gouverneur s'était saisi de son agent qui avait été condamné à mort.

Il ne fut pas plus heureux en Languedoc où tous les officiers de son parti, faits prisonniers, payèrent de leur vie la faute d'avoir embrassé sa cause et soutenu sa rébellion, sans que prières et menaces pussent les sauver.

Envoyé par le duc d'Orléans vers Beaucaire, il tenta, sans plus de succès, de gagner le gouverneur de Montpellier, qui lui répondit : « Qu'il faisait plus d'état d'être homme de bien et fidèle serviteur du roi à qui il devait tout ce qu'il avait, que de toutes les charges du royaume, acquises aux dépens de son honneur. »

Le vice-légat lui ferma les portes d'Avignon, et lui refusa d'entrer et de séjourner dans le comtat.

Opposé au maréchal de Laforce, il ne put l'empêcher de prendre une ville qu'il assiégeait, ni la ravitailler.

Il fuyait maintenant devant ce maréchal qu'il faisait fuir jadis, quand il combattait sa révolte à la tête des troupes royales.

Les rôles étaient changés.

Chacun d'eux fut vainqueur, quand il fut fidèle, et vaincu, quand il fut rebelle.

Le duc d'Elbeuf laissa Beaucaire lui échapper; il ne sut ni se l'assurer, ni le secourir, pas même défendre et conserver les provisions qu'il lui destinait.

Après la déroute de Castel-Naudary, il eut sa grâce, mais il aima mieux rester ennemi de son pays que d'en profiter.

Ses mauvais sentiments l'avaient porté à faire, malgré le roi, contracter mariage au duc d'Orléans avec la princesse Marguerite de Lorraine, elle l'en récompensa plus tard, en le reniant pour son parent.

N'ayant plus de recours que dans les Espagnols, il devint et resta leur pensionnaire pendant douze ans, malgré qu'ils ne le tolérassent à Bruxelles qu'avec peine, et qu'ils l'eussent réduit à un seul domestique.

Il n'eut pas honte de se mêler dans leurs rangs, et de s'y montrer aux Français avec l'écharpe rouge.

Il osa même, dans les murs de Saint-Mihiel, préparer une invasion en Champagne, mais, à l'approche du roi, il se retira de la ville où il aurait craint d'être pris, et qui fut en effet obligée de se rendre à discrétion.

Il accompagnait le cardinal-infant, les généraux Bec et Lamboi, avec les ducs de Lorraine et de Guise, quand les Espagnols s'approchèrent des lignes françaises pour faire lever le siége d'Aire dont on s'empara à leur barbe.

Vivant, dans le bannissement, auprès de la reine-mère et du duc d'Orléans, il était le premier à leur inspirer les desseins les plus pernicieux; il préférait en tout les moyens extrêmes et se jetait dans les excès.

Comme l'inimitié de la reine-mère paraissait plus envenimée que celle de son fils, ce sont ses passions qu'il servit le plus ardemment.

Bien qu'il eut été recevoir, à son arrivée en Flandres, la princesse Marguerite, son épouse, et qu'il en fût un des courtisans les plus assidus, il n'en devint pas moins hostile au duc d'Orléans, quoiqu'allié à la maison de Lorraine, dès qu'il le vit disposé à traiter; il alla même jusqu'à le trahir, en conseillant aux ministres d'Espagne de l'arrêter et de s'assurer de sa personne.

Parmi les réfugiés de Bruxelles, il n'en était aucun plus hardi et qui osât publiquement parler plus indignement du roi qu'un des gentils hommes de la maison du duc d'Elbeuf.

Il portait l'animosité assez loin, pour qu'on put, sans invraisemblance, l'accuser de l'assassinat du Puy-Laurens dont il avait été l'ami et qui lui était devenu odieux à cause des conseils pacifiques qu'il donnait au duc d'Orléans, de la réconciliation duquel on le supposait l'agent.

La casaque laissée par l'assassin, en fuyant, était de la livrée du duc d'Elbeuf.

Cependant, l'auteur du crime étant resté inconnu, le duc d'Elbeuf n'en peut être taxé sans témérité.

Puy-Laurens, lui seul, ne douta pas qu'il ne fût coupable de l'attentat, et ne craignit pas de le lui reprocher hautement.

Le duc d'Elbeuf s'en défendit vivement ; il se plaignit au duc d'Orléans de souffrir que son favori osât lui attribuer une pareille indignité.

Mécontent de la réponse qu'il reçut, il porta le dépit jusqu'à refuser de revoir la France, jusqu'à se faire effacer du traité qui lui en ouvrait l'entrée.

Quittant Bruxelles, il suivit la reine-mère à Anvers d'où il provoqua Puy-Laurens par une lettre assez drôlement conçue.

« Puisque vous m'imputez faussement, écrivait-il, le
» coup dont vous avez été en danger de perdre la vie, j'ai
» choisi un moyen sûr et honnête pour vous l'ôter de ma
» propre main.

» Trouvez-vous à, etc. »

Le combat n'eut pas lieu.

Le duc d'Orléans et Marie de Médicis firent arrêter les deux champions et leur donnèrent des gardes.

Après avoir refusé d'être gracié, il en eut des regrets, mais trop tard ; Louis XIII refusa de le comprendre dans un traité de paix générale et résista même aux instances du roi d'Espagne qui s'interposa inutilement, pour lui faire obtenir une abolition ou amnistie quelconque.

Il lui fallut continuer à traîner une misérable vie dans l'exil, au milieu de la défiance et de dissensions d'autant plus vives que les souffrances étaient plus grandes, toujours envieux de la faveur, s'en croyant seul digne, prenant ombrage de tout favori et s'en faisant l'ennemi.

Enfin, après avoir passé douze ans hors de son pays, il y

rentra en 1643, Richelieu dans la tombe et Louis XIII y descendant.

La reine Anne d'Autriche qui, au commencement de sa régence, aurait voulu contenter tout le monde, ouvrit l'épargne aux plus affamés ; le duc d'Elbeuf fut du nombre.

Il n'avait pas quitté les Espagnols qu'il marchait contre eux avec le célèbre Gassion ; hier ils pensionnaient sa révolte, aujourd'hui il s'avance contre eux, les armes à la main; ceint la veille de l'écharpe rouge, il se pare le lendemain de l'écharpe blanche.

Après avoir fait, avec Gassion, une campagne, comme général, il prit, comme subordonné, les ordres du duc d'Orléans dont il partagea les dangers aux siéges de Courtrai et de Mardick.

L'infortune et l'expérience ne le rendirent pas plus sage, les bons traitements non plus.

On eut beau lui prodiguer les honneurs et les distinctions, l'invitant à tous les plaisirs de la cour, à toutes les réjouissances de Fontainebleau, le choisissant pour recevoir et accompagner les ambassadeurs polonais au mariage de leur reine, la princesse Marie, on eut beau le combler de grâces, il invoqua et fomenta toujours le trouble et le désordre.

Le jeune Louis XIV, malade, tombe dans un état désespéré, la reine, sa mère, en larmes, s'enferme avec lui, pour lui prodiguer les plus tendres soins, que fait le duc d'Elbeuf pendant les tortures de la mère et les souffrances du fils?

Il cabale, il échauffe les esprits, il accompagne, dans une

orgie, le duc d'Orléans, ce Gaston qu'il voulait faire saisir à Bruxelles, le salue et boit à sa santé comme futur régent, dépossédant ainsi de toute autorité la reine qui n'avait que trop de bontés pour lui.

Le parlement devient-il factieux?

Le duc d'Elbeuf qui voudrait refaire une fortune délabrée et faire celle de trois fils ruinés par son inconduite, appuie, excite, enflamme son opposition.

Le parlement fait-il succéder la guerre aux déclamations et a-t-il recours aux armes?

Le duc d'Elbeuf est le premier à les prendre avec lui, et à venir lui offrir ses services.

Le voilà de nouveau en pleine révolte, son véritable élément.

Il partit de Saint-Germain, quitta la cour et déserta ouvertement, jurant de revenir le lendemain, et prenant pour prétexte de son départ, soit la maladie de sa mère, soit le défaut d'argent dont il avait à se munir.

Le duc de Brissac qui l'avait devancé à Paris, chez le cardinal de Retz, lui annonça son arrivée, en disant que, n'ayant pas trouvé à dîner à Saint-Germain, il venait voir s'il trouverait à souper à Paris, se promettant du reste d'y faire bien mieux que Mayenne à la Ligue.

Cette arrivée embarrassa d'abord le cardinal de Retz qui avait partie liée avec le prince de Conti qu'il voulait placer à la tête du parti, et qui, mal, et jadis brouillé avec le duc d'Elbeuf, le considérait d'ailleurs comme un espion, comme un homme suspect, vil, vénal et mercenaire, à qui même il se vantait d'avoir fait quitter la place.

Il s'établit, par suite, entre le cardinal et le duc, aussi intrigants et ambitieux l'un que l'autre, une lutte qui ne tourna pas, à son début, en faveur du cardinal.

Le duc qui avait traité avec le parlement et qui lui plaisait, y prévint le cardinal, et s'y fit d'emblée nommer, non lieutenant-général du royaume, inadvertance servilement copiée, mais général des armées du roi, sous l'autorité du parlement, ce qui est bien différent.

Cette nomination lui donna un si grand crédit dans la ville qu'au commencement il en fut comme le maître absolu.

Espérance du parlement, il devint l'idole et les délices des Parisiens qui auraient fait ce qu'il aurait voulu, se figurant qu'il imiterait les Guises, ses ayeux.

Quoique ne connaissant pas tout l'empire qu'il exerçait, il s'en aperçut si bien qu'entretenant des intelligences dans les deux camps, il écrivit à la reine, pour lui demander ses ordres, trahissant ainsi la confiance qu'on lui accordait à Paris.

Malheureusement pour lui il ne sut pas saisir l'occasion.

S'il eut encore le pouvoir de faire, la veille, refuser les prétentions du duc de Longueville et les offres du prince de Conti, il était le lendemain à la discrétion du cardinal de Retz qui fit retomber sur sa tête les soupçons par lesquels il voulait noircir et écarter ses rivaux.

Laissons parler ce digne prélat lui-même :

« Voyant un descendant de la maison de Lorraine,
» prince par cela même agréable à Paris, quoique prince
» d'une probité très-équivoque, décrié sur le chapitre de
» la bonne foi, prince sans rien de grand que les manières

» de l'affabilité, mais prince dangereux dans la circons-
» tance, à langue dorée et habile dans l'art de la cajolerie,
» je résolus de me déclarer publiquement contre lui, de
» l'accuser de connivence avec la cour, de faire prendre
» les armes, de le prendre lui-même, ou de l'expulser de
» Paris.

« Cette entreprise arrêtée, elle manqua par l'arrivée du
» prince de Conti du sang de Condé, alors en mauvaise
» odeur auprès du peuple, et ce Monsieur d'Elbeuf que je
« chassais le neuf, m'eût apparemment chassé le dix s'il
» eut su prendre son parti. »

« Comme il resta dans l'inaction, je ne doutai pas de re-
» prendre le dessus en peu de temps.

» Aussitôt je conduisis le prince de Conti au parlement;
» il s'y proposa pour commander ses troupes.

» Le duc d'Elbeuf qui, selon le caractère de tous les gens
» faibles, était rogue et fier, parce qu'il se croyait le plus
» fort, dit qu'il savait toute la déférence et tout le respect
» qu'il devait à M. le prince de Conti, mais qu'il ne pou-
» vait s'empêcher d'observer qu'il avait rompu la glace,
» qu'il s'était offert le premier à la compagnie, qu'elle lui
» avait fait l'honneur de lui confier le bâton de général et
» qu'il ne le quitterait qu'avec la vie.

» A ces mots la cohue du parlement applaudit, et il fal-
» lut, pour ce jour-là, me contenter de ramener le prince
» de Conti sain et sauf, non sans essuyer les brocards du
» duc d'Elbeuf qui croyait être maître de tout, et qui l'eût
» été, s'il l'eût voulu. N'ayant su le vouloir, le présent lui
» échappa et l'avenir le détrôna. »

On découvrit et on révéla qu'il s'entendait traitreusement avec la cour.

A l'instant toutes les dispositions changèrent à son égard.

Les couplets suivants ajoutèrent à son désarroi, en bafouant sa jactance, sa misère et son avidité dont on se moqua dans les rues :

Monsieur d'Elbeuf et ses enfants
Font rage à la place Royale ;
Ils sont tous quatre piaffants,
Monsieur d'Elbeuf et ses enfants.
Mais sitôt qu'il faut battre aux champs,
Ils quittent l'humeur martiale :
Monsieur d'Elbeuf et ses enfants
Font rage à la place Royale.

Le prince, monseigneur d'Elbeuf,
Qui n'avait aucune ressource,
Et qui ne mangeait que du bœuf,
A maintenant un habit neuf
Et quelques justes dans sa bourse.
Le pauvre monseigneur d'Elbeuf
Qui n'avait aucune ressource, etc.

D'autres ne lui firent pas plus de bien.

Le mardi, du côté de Brie,
Sortit, avec cavalerie,
Le généreux prince d'Elbeuf;
Ce fut de janvier le dix-neuf

Qu'ayant rencontré quelque bande
Des voleurs de notre viande,
Notamment de cinq cents gorets,
Il prit en main leurs intérêts ;
Et, battant ces oiseaux de proie,
Gagna les gorets avec joie
Que ces animaux, par leurs cris,
Firent connaître à tout Paris.

Puis survint la grande revue
Où se trouva monsieur d'Elbeuf
Qui n'avait pris qu'un jaune d'œuf,
Tant son ardeur infatigable
Le laissait peu dormir à table.

Ces bouts-rimés firent tomber le duc d'Elbeuf de ses grandeurs ; il remuait encore à terre quand une calomnie, répandue sur son compte, l'acheva.

On sema dans le peuple qu'il avait livré le poste de Charenton aux troupes royales ; alors il fut perdu.

Le cardinal de Retz, ne gardant plus de mesures avec lui, le fit regorger, et le prince de Conti fut proclamé généralissime à sa place, scène, dit le prélat, dans laquelle Monsieur d'Elbeuf fit voir qu'il avait plus d'esprit que de jugement.

Il ne parla pas à propos ; il n'était plus temps de contester, il fallait plier, mais les gens faibles, comme lui, ne plient jamais quand il le doivent.

Il ne sut que paraître embarrassé, fort abattu, et montrer que, dans les grandes affaires, l'esprit n'est rien sans le cœur.

Il ne garda pas même les apparences, expliquant ridiculement ce qu'il venait de dire, et se rendant à plus qu'on ne demandait de lui.

Pour le consoler, on lui donna la Bastille à prendre.

Le Béquillard sieur du Tremblay,
Lui qui jamais n'avait tremblé,
Gouverneur et bon gentil homme,
A Monsieur d'Elbeuf qui le somme
De lui remettre ce château,
Répondit très-bien et très-beau
Qu'il ne lui plaisait de le rendre,
Et qu'il prétendait le défendre.

Mais il ne fut pas si méchant
Que six canons dessus le champ
Ne nous ouvrissent cette place,
Sans avoir touché la surface.

Ce n'est pas qu'ils ne fissent pouf
Que la garnison ne dît ouf,
Qu'elle ne parut sur la brèche,
Qu'elle n'employât poudre et mèche,
Que maint coup ne fût entendu,
Mais c'est qu'il était défendu
Que, dans ce beau siége de balle,
Aucun côté chargeât à balle,
Qu'il n'eut crié : « Retirez-vous !
Autant pour eux comme pour nous. »

C'est ainsi que le *Courrier burlesque* raconte la prise de la Bastille.

Des dames y assistèrent ; et ce fut, dans le temps, un singulier spectacle de les voir, comme au sermon, porter leurs chaises dans le jardin de l'Arsenal où était la batterie.

A propos de l'Arsenal, le duc d'Elbeuf en donna le commandement à un Robin, de préférence au comte de Fiesque, brave militaire, ce qui lui valut bien des railleries qui ne le remirent pas en crédit.

Il s'en souciait toute fois moins que d'argent qu'il avait grand soin de ramasser, ayant, en peu de jours, lui et ses enfants, prélevé, sur les badauds de Paris, plus de quarante mille écus, sous le prétexte de levées.

Le cardinal de Retz qui s'en jouait, le fit acteur d'une intrigue espagnole dont il ne fut que la marionnette.

Il lui fit adresser de Bruxelles, avec un petit billet de créance, un envoyé qui descendit chez lui à deux heures après minuit.

« Monsieur d'Elbeuf, dit le cardinal, se crut alors l'homme le plus considérable du parti.

» Il nous invita, nous tous gros bonnets, à diner chez lui, en nous disant qu'il avait une affaire de conséquence à nous communiquer.

» Monsieur d'Elbeuf qui était grand saltimbanque de son naturel, commença la comédie par la tendresse qu'il avait pour le nom français, qui ne lui avait pas permis d'ouvrir seulement un petit billet qu'il avait reçu d'un lieu suspect; ce lieu ne fut nommé qu'après plusieurs circonlocutions pleines de mystères, et le petit billet fut jeté sur la table très proprement recacheté, comme l'holocauste du sabbat.

» Ce billet n'était pas destiné à M. d'Elbeuf dont on n'ignorait ni le peu de pouvoir, ni le peu de sûreté, mais au parlement avec qui on désirait traiter.

» Pour continuer la pièce, on pria M. d'Elbeuf de l'y présenter ; il s'en défendit toutefois et eut le nez assez fin pour éventer la mine, et se dérober aux conséquences dont d'autres portèrent l'endosse. »

En effet, le parlement ne fut pas dupe et se cabra.

Que fit alors Monsieur d'Elbeuf?

Rien moins, et ce fut sa proposition la plus douce, rien moins que de demander qu'on mît tout le parlement en corps à la Bastille.

A cette occasion, il fut de nouveau le jouet du cardinal qui, ayant appris qu'il faisait jeter de l'argent au peuple, pour aller au palais crier contre la paix, lui fit écrire :

« Il n'y a point de sûreté pour vous demain au parlement. »

M. d'Elbeuf qui savait bien qu'il n'avait pas la voix publique, et qui ne se croyait pas inviolable chez lui, se mit sous l'abri du cardinal qui s'en assura de cette manière, et le rangea à ses sentiments.

Lorsqu'enfin, las des agitations, chacun soupira après la paix, le duc d'Elbeuf qui ne cherchait que de l'argent, topa à tout ce qui lui en montrait.

Avant d'en recevoir de Mazarin, il emboursa deux mille pistoles que lui comptèrent les envoyés d'Espagne, pour le gagner.

Il prenait de toutes gens et de toutes mains, sans s'attacher à qui que ce soit.

Mécontent que le parlement eût traité sans lui, pour effrayer la cour et en tirer meilleur parti, il voulait recourir au peuple et le réduire à une telle misère, à un tel désespoir, qu'il en pût disposer à sa volonté, sans horreur pour aucun excès.

A cette fin, ses enfants se firent ses émissaires et devinrent des boute-feux, des agitateurs et des émeutiers.

C'est alors qu'eurent lieu deux incidents curieux, qui firent du bruit dans le temps.

Le duc d'Elbeuf qui s'était flatté d'acquérir une grande fortune par la guerre civile et qui avait compté sans son hôte, apostropha le premier président et lui reprocha d'avoir sacrifié les intérêts des généraux dans l'arrangement.

« Si le parlement, répondit vivement Molé, a abandonné les généraux, ils ne se sont pas abandonnés eux-mêmes, puisqu'ils ont pactisé avec les ennemis de l'État. »

D'Elbeuf, un peu déconcerté, répliqua que, « si c'était un crime, plusieurs magistrats y avaient trempé. »

« Nommez-les, dit aussitôt le premier président d'une voix menaçante, nommez-les, et nous leur ferons leur procès comme à des criminels de lèse-majesté. »

La seconde particularité est en tout le contraste de la première, dans laquelle le duc d'Elbeuf paraît éloigné de la paix, tandis que dans l'autre il semble la négocier.

Monsieur de Beaufort qui n'en faisait pas moins que le cardinal, et qui cherchait tous les moyens imaginables d'empêcher un accommodement, crut en avoir trouvé un infaillible qu'il proposa au président de Bellièvre, en lui demandant, avec vivacité, en donnant un soufflet à Monsieur d'Elbeuf, il ne changerait pas la face des affaires, sur quoi Monsieur de Bellièvre répondit, d'un sang-froid digne de sa gravité, « qu'il ne croyait pas que cela pût changer autre chose que la face de Monsieur d'Elbeuf. »

Aussitôt la gaîté d'éclater, on plaisanta, on s'amusa, on rit, et on en fit mieux que jamais de bons contes les uns des autres, Bonne fortune pour le soufflet.

Cependant la paix était trop vivement désirée, pour que les généraux pussent s'y opposer, quand le parlement se soumettait.

Bien que la reine eut dit qu'il était affreux de donner récompense à qui méritait châtiment, néanmoins Mazarin, d'abord rigoureux, se montra plus facile, les généraux qui avaient demandé toute la France, restreignirent leurs prétentions, les intérêts se concilièrent, les cœurs se rapprochèrent, et la guerre cessa.

Le duc d'Elbeuf qui avait été de nouveau déclaré rebelle et criminel de lèse-majesté, eut la honte d'être amnistié une deuxième fois.

S'il y fut sensible, les avantages qu'il retira de sa révolte, durent le consoler.

Il toucha les arrérages de la pension de sa femme, il eut une somme d'argent, un domaine considérable en Normandie, des bois, dit Mont-Glat, puis, pour son fils aîné, la survivance du gouvernement de Picardie et de la place de Montreuil, pour son fils de Rieux, cent mille livres et un emploi à l'armée, enfin, pour son fils Lillebonne, un emploi à l'armée.

Voilà bien des dons qui pourtant ne compensèrent peut-être pas les rapines que le duc d'Elbeuf commettait aux entrées de Paris où il rançonnait tous bateaux et charrois qui approvisionnaient la ville.

Le désarmement général opéré, le duc d'Elbeuf se fit présenter à la cour par le duc d'Orléans, et y devint, pour un moment, courtisan et agent de ce Mazarin que, deux jours avant, il voulait chasser de France.

Ce ministre qui voulait profiter même de ses faveurs, lui offrit le gouvernement d'Auvergne qui vint à vaquer, en échange de celui de Picardie, qu'on voulait retirer de ses mains, mais il préféra garder ce dernier comme gouvernement frontière, ce qui n'annonçait pas d'intentions droites et pacifiques; il n'avait pourtant plus guère à compter sur les Espagnols charmés d'être déchargés d'un homme, comme lui, qui leur avait coûté beaucoup, et jamais été que fort inutile, homme toujours au plus offrant et dernier enchérisseur, toujours à vendre et à acheter, et dont la foi, le cœur, l'âme et la conscience dépendaient de sa bourse sans cesse vide et à remplir.

Dans l'assassinat simulé du prince de Condé, prenant son parti en apparence, le duc d'Elbeuf, comme vengeur des lois outragées, lui pour qui rien n'était sacré, vint au parlement faire poursuivre les auteurs du prétendu attentat qualifié, pour commencer, de conjuration contre l'Etat, puis tourné en jeu et en dérision.

Il s'était, depuis le retour du calme, si bien livré corps

et âme au cardinal Mazarin qu'il en perdit tout crédit auprès du duc d'Orléans, tellement que, député par la reine vers ce prince, il en fut fort mal reçu et traité de haut en bas.

« Quoi, lui dit Gaston, d'ordinaire fort doux, mais qui le méprisait souverainement, quoi! aujourd'hui pour le cardinal devenu mon ennemi, quand vous étiez hier contre lui alors mon ami! quoi! vous, honoré de mon alliance!... Il vous sied bien, fieffé Mazarin, de vous offrir en ôtage ponr ma sûreté; les paroles du roi sont sacrées et bien au-dessus d'un homme comme vous.

» On sait assez que vous ne recevez d'inspirations que des plus vils intérêts, que vous n'adorez que le veau d'or et tournez à tous vents.

» Vous êtes bien hardi de vous présenter devant moi, vous aux gages du cardinal.

» Sans la considération de ces Messieurs qui vous accompagnent, je vous apprendrais le respect que vous me devez; sortez, je vous défends ma maison, n'ayez jamais l'audace de paraître à mes yeux. »

Madame ajouta qu'elle était au désespoir qu'il fût du sang de Lorraine; et lui parla avec un grand ressentiment de sa conduite.

Il venait d'offenser le duc d'Orléans, pour plaire à Mazarin; deux jours après, il tournait casaque à ce cardinal qui, croyant, après toutes ses libéralités à son égard, pouvoir compter sur son attachement, lui avait écrit une lettre confidentielle, qu'il livra au parlement, pour le cajoler, supposant le cardinal dans l'abîme.

Il n'était pas général plus habile qu'ami fidele.

Chargé de garder les passages de la Seine, il ne sut pas empêcher le duc de Nemours de la traverser à Mantes, et d'inquiéter l'armée royale.

Il n'eut pas plus de succès contre les Espagnols qu'il laissa le faire prisonnier lui-même dans Chauny qu'il n'eut l'art ni de fortifier, ni de défendre.

Il répara plus tard cette faute, en renforçant, des troupes de Picardie, les maréchaux Turenne et Laferté dont on connaît les exploits.

Toujours versatile, il n'est personne qui n'éprouve tour à tour ses bons et ses mauvais offices; défenseur naguères du prince de Condé, il se déclare contre lui maintenant qu'il est détenu.

Adulateur et valet de Mazarin au pouvoir, il s'oppose au retour de Mazarin dans l'exil.

Il arrivait au déclin de la vie, quand il fut convié à la célèbre cavalcade de la majorité du roi, Louis XIV.

Il y parut, accompagné de ses trois fils, au rang des ducs et pairs, vêtu de velours tout chamarré de dentelles, galons, broderies de soie, d'or et d'argent.

Il se rendit ensuite à Reims pour le sacre; il y représenta le duc de Guyenne; c'était pour celui de Flandre qu'il figurait au couronnement de Louis XIII.

Celui de son fils eut cela de particulier que, de tous ceux qui devaient y être, aucun n'y fut.

Pas un acteur n'y joua son rôle.

Entre les pairs, le duc d'Elbeuf eut la troisième place, « Pairs, dit Mlle de Montpensier, si indignes des personnages dont ils étaient l'image, qu'on n'en a pas gardé souvenir. »

Le dernier acte de Charles II, duc d'Elbeuf, fut un acte d'amour-propre, un mouvement d'orgueil; en 1657, à la veille de mourir, il refusa de signer au contrat de mariage de son fils aîné, parce que Mademoiselle de Bouillon, sa fiancée, y était qualifiée de princesse, disant qu'il ne souscrirait jamais à faire des gentils hommes princes, pour qu'ils voulussent s'égaler à lui. *Vanitas vanitatum....*

Charles II mourut criblé de dettes; tous ses biens furent saisis et mis sous le séquestre, plusieurs furent vendus, entr'autres le comté de Lillebonne.

Celui d'Harcourt échut en partage au comte de Rieux, son second fils, et depuis *tomba en quenouille*, étant devenu l'héritage de la fille du comte d'Harcourt, mariée au duc de Fronsac, fils de l'infâme maréchal de Richelieu.

Bien des peintres se sont évertués, ont exercé leur pinceau à tracer le portrait de Charles II, mais aucun n'a flatté ses traits.

Voilà de quelles couleurs ils les ont enluminés :

« Charles II de Lorraine, duc d'Elbeuf, beau-frère du duc de Vendôme, fut toujours disposé à entrer dans les partis de mécontents, pour trouver moyen d'accommoder ses affaires qui étaient toujours en désordre.

» Quoiqu'il fût déjà dans un âge avancé, il avait encore bonne mine, et était bien venu auprès des dames.

» Il n'avait jamais été leur esclave, et, s'il leur avait rendu des soins, il avait toujours su s'en faire bien payer.

» Il avait été le premier à s'offrir au parlement, croyant

y trouver de grands avantages pour lui et ses enfants à qui il destinait les bons emplois.

» Il avait de l'esprit et de l'éloquence, mais il était vain, cupide et peu sûr.

» Le bonheur des autres lui donnait de la jalousie qu'il exerçait avec beaucoup d'artifice.

» Il n'avait de cœur que parce qu'il est impossible qu'un prince de la maison de Lorraine n'en ait point.

» Il avait tout l'esprit qu'un homme qui a beaucoup plus de manége que de bon sens, peut avoir ; c'était le galimatias du monde le plus fleuri ; il excellait à bredouiller des sottises et des vanités.

» Il a été le premier prince que sa pauvreté ait avili, et peut-être jamais homme n'a eu l'art, moins que lui, de se faire plaindre dans la misère.

» L'aisance ne le releva pas, et, s'il fût parvenu jusqu'à la richesse, on l'eut envié comme un vil partisan, tant la gueuserie lui paraissait propre et semblait faite pour lui.

» Le désordre de sa conduite et de ses affaires avait tellement renversé sa marmite, rendu son âtre froid, que sa cuisine était déserte ; il mangeait où il pouvait.

» Panier percé, sans feu ni lieu, famélique, insatiable, ayant tout fricassé, assiégé de créanciers, n'ayant plus que frire, il vivait en flaireur et en parasite, courait, piquait les tables et cherchait à écornifler partout.

» D'après les inspirations de son estomac, il avait imaginé une singulière manière de faire ses visites ; il tombait tout à coup, comme une bombe, dans une maison, au moment du dîner, prolongeait la conversation et allongeait la séance jusqu'à ce que, de guerre lasse et pressée par l'heure, la maîtresse du logis se décidât à l'inviter au festin qu'il payait en quolibets et en fadaises.

» La bassesse ne l'empêchait pas d'être glorieux, fou des distinctions ; il était sans cesse aux prises pour des préséances, tantôt avec le duc de Longueville qui lui céda le pas, tantôt avec le duc de Vendôme qui marcha avant lui. »

Charles II a laissé quatre rejetons que ses déréglements ont tous rendus misérables :

Charles III qui lui succéda et dont il sera question ailleurs ;

Le comte de Rieux ;

Le comte de Lillebonne ;

Et le prince d'Harcourt.

Le comte de Rieux épousa Anne d'Ornano, fille d'un seigneur de ce nom, maréchal de France mort à la Bastille ; il fut connu par le pillage et la rupture que, malgré qu'il fût, comme son père, frondeur forcené, les frondeurs firent de son carosse dont ils chassèrent sa femme avec huées ; le soufflet qu'il en reçut et qu'il rendit au grand Condé battu pour la première fois, disait-il, n'a pas fait moins parler de lui qui en fut emprisonné longtemps.

Le comte de Lillebonne est celui des enfants de Charles II, qui, après son départ pour se donner aux rebelles de Paris, se lamentait dans la cour du château de Saint-Germain, par attachement au cardinal Mazarin, et qui, tout en blâmant son père, alla le rejoindre dès le soir même.

Le comte de Lillebonne fit toutes les campagnes de Flandre sous Turenne, avec la réputation d'un bon officier général ; il mourut jeune, laissant, comme son père, des affaires dérangées, une veuve et deux filles à la mendicité, réduites à l'aumône du ministre Louvois, puis au pain de la princesse de Conti, enfin devenues favorites de Monseigneur, fils de Louis XIV, reines à Meudon, et au nombre des personnages que la plume de Saint-Simon a immortalisés.

Le prince d'Harcourt fut marié à la fille du Brancas de La Bruyère ; il suivit Louis XIV dans toutes ses conquêtes de Flandre et de Franche-Comté, fut ambassadeur en Espagne, servit, en Morée, les Vénitiens contre les Turcs.

C'était un grand homme, bien fait, qui, avec l'air noble et de l'esprit, avait tout à fait celui d'un comédien de campagne.

Grand menteur, grand libertin, grand dépensier, grand escroc, effronté bandit, sa crapule obscure l'anéantit toute sa vie.

Ne pouvant sympathiser avec sa femme, en quoi il n'avait pas grand tort, il se confina à Lyon où il passa son temps dans toutes sortes de débauches, dans la plus mauvaise compagnie, avec une meute, un jeu pour soutenir sa dépense et vivre aux dépens des dupes, des sots et des fils de gros marchands, qu'il attirait dans ses filets.

Le roi qui le méprisait, ne voulut pas lui pardonner ses larcins et le recevoir à Marly.

C'est ainsi que Saint-Simon a buriné sa figure ; il n'a pas moins bien dessiné celle de sa femme dans sa nombreuse et si piquante galerie de tableaux.

Henriette de Vendôme, épouse de Charles II, trépassa en

1665 ; elle fut dame abbesse de Notre-Dame de Soissons où probablement reposent ses dépouilles mortelles.

On lui a attribué la création de l'octroi d'Elbeuf en 1657.

Comment l'aurait-elle pu à cette époque où elle était dans l'exil ?

L'octroi ou les deux octrois d'Elbeuf sont dûs à la fiscalité du cardinal de Richelieu et aux donneurs d'avis du temps, sangsues, dit Montesquieu, payées pour chercher et trouver partout de la matière imposable, et pour imaginer et établir des tributs inouîs et nouveaux, et tirer tout le sang du pauvre peuple.

Une haute messe, à célébrer le mardi de chaque semaine, après une procession générale au tour de la paroisse, fut fondée à Saint-Jean, l'an 1642, en l'honneur du bienheureux Saint-Sébastien, par maître Carbon, contrôleur de la maison de madame la duchesse d'Elbeuf, née d'Estrées.

Les cendres de Charles II ont été transportées de Paris à la Saussaie.

CHARLES III, TROISIÈME DUC D'ELBEUF.

Premier né de Charles II, Charles III devint d'emblée duc d'Elbeuf, en 1657, après la mort de son père.

De tous les princes lorrains d'Elbeuf, Charles III fut le plus nul.

Il n'est guères resté de lui que le souvenir de sa naissance en 1620, des époques de ses trois mariages, et de sa mort arrivée en 1692.

Quoique duc d'Elbeuf, on n'en connaît qu'un seul acte qui ait trait au lieu de ce nom.

Charles III, malgré qu'il fût peu capable, eut, dans sa jeunesse, de grandes illusions qui, comme la rosée du matin, ne tardèrent pas à se desscécher et s'évanouir.

Quand il vit son père généralissime du parlement, maître de Paris, et ayant droit de disposer de tous les bons emplois en faveur de ses fils, il se crut ravi au troisième ciel, mais, au bout de deux jours, tous ces songes étaient dissipés, le père était descendu du rôle de souverain au rôle de subalterne, et les enfants étaient tombés aussi vîte et aussi bas.

Pendant la guerre de Paris, la seule action de vigueur de Charles III fut de se saisir de Montreuil qui lui resta à la paix et dont la reine lui refusait le gouvernement, quoique vacant par la mort de son beau-père, mais dont elle ne le voulait pas voir en possession comme poste dangereux entre les mains d'un fils dont le père était gouverneur de Picardie et avait le cœur plus espagnol que français.

Voici une conversation qui montrera dans quel milieu Charles III vivait.

Comme il dînait un jour chez le prince de Guémenée avec le duc régnant de Lorraine, ce dernier dit qu'il y avait plus de quinze jours que ses soldats n'avaient mangé de pain.

Quoi! lui dit-on, comment vivre quinze jours sans pain!

Il répondit qu'ils ne mangeaient pas seulement tous les chiens de l'armée et tous les chevaux qui mouraient, mais qu'ils avaient aussi mangé plus de dix mille paysans, qu'entr'autres, ses satellites ayant un jour attrapé deux religieuses, ils les mirent incontinent en pièces et en firent du potage dont ils avalèrent le bouillon, et mangèrent la chair, qu'un de ses officiers, ayant été blessé au poignet, le chirurgien qui le traita, lui dit qu'il lui fallait couper le bras, à quoi l'officier s'étant résolu, au lieu de le lui couper jusqu'au coude, comme il eut suffi, il le coupa jusqu'à l'épaule, afin d'avoir plus de viande à mettre dans son pot.

Il rapportait tout cela sans rire, et ne voulait pas qu'on le contredît, mais qu'on prît ses contes pour vérités.

C'est ce même duc de Lorraine qui énivrait ses convives, entr'autres, le duc d'Orléans à qui de plus il osait dire :

« Vous savez bien que nous autres princes nous sommes tous des fourbes. »

Aussi ne voulait-il jamais prendre d'engagement par écrit.

Il vivait comme un bandit, faisant profession de n'avoir ni sincérité, ni droiture quelconque.

Ainsi l'a jugé Pavillon :

« Il donna librement sa foi
« Tour-à-tour à chaque couronne ;
« Il se fit une étrange loi
« De ne la garder à personne. »

Il en est mort en prison d'État.

Le duc d'Elbeuf eut en 1658, avec Villequier, maréchal d'Aumont, une rencontre qui retentit dans le public.

Mal ensemble depuis quelque temps, on les avait rapatriés, mais ce ne fut qu'un replâtrage qui ne tint pas.

A la suite du roi en voyage, lorsqu'on arriva à Boulogne, on avait marqué un logis à Villequier préférablement à tout autre, comme c'est l'usage, parce que le roi occupait le sien.

M. d'Elbeuf réclama en qualité de gouverneur de la province; Villequier résista, et on ne passa pas outre ce jour-là.

Le lendemain, à la campagne, le duc d'Elbeuf attaqua Villequier, à la tête de quelques troupes qui escortaient sa majesté et assez proche d'elle.

Villequier n'était pas le plus fort; il n'y eut pas de combat.

L'affaire qui d'ailleurs n'était pas secrète, se répandit et arriva jusqu'aux oreilles du roi.

Il défendit alors aux deux champions d'en venir aux mains, ordonna à Villequier de partir pour son gouvernement et au duc d'Elbeuf de s'en aller à Paris, sous la surveillance d'un enseigne des gardes, chargé de répondre de lui.

La querelle n'en resta pas là.

Les deux ennemis se retrouvèrent à Paris; Villequier, malgré l'enseigne, gardien du duc d'Elbeuf, l'attaqua en pleine rue, le força de mettre l'épée à la main, le blessa, et ne lâcha prise que quand les assistants vinrent séparer les deux combattants.

Peu satisfait de l'évènement, le duc d'Elbeuf le traita de guet-à-pens et d'assassinat, et en fit informer.

Le roi intervint et ordonna au parlement d'instruire; Villequier fut condammé, eut peur et se sauva en Hollande.

Ancien et bien connu en Normandie, ce nom de Villequier, déjà traîné aux gémonies par l'historien de Thou, a été de nouveau flétri par Saint-Simon qui lui a fait perdre son auréole.

Charles III maria trois fois.

De sa première femme, Elisabeth, fille unique du comte de Lannoi, et veuve du comte de Laroche-Guyon, il n'eut que deux enfants, une fille qui épousa le comte de Vaudemont, bâtard de Lorraine, et un fils surnommé le *trembleur*.

La fille brilla de quelqu'éclat à la cour qu'elle ne quittait guère avant son mariage qui la rendit cosmopolite et lui fit habiter tour-à-tour l'Espagne, la Flandre, l'Italie et la Lorraine où elle finit sa vie.

C'était une personne maniérée et toute occupée de sa grandeur.

Elle assista la reine Anne d'Autriche dans ses derniers moments et secourut Louis XIV évanoui à la vue de sa mère morte, et près de laquelle il n'avait cessé de veiller à son heure suprême.

Le fils dut son surnom à une brutalité de son père.

Colère et violent, il s'emporta si étrangement contre sa femme qui était enceinte, qu'il la prit entre ses bras pour la jeter par la fenêtre.

La frayeur qu'elle en eut, la saisit à un tel point que le fils dont elle accoucha, naquit tremblant de tout son corps, et trembla toute sa vie.

Son état et l'aversion de son père pour lui firent prendre le parti de l'engager aux vœux de Malte, à se contenter de cette condition, et à tout céder, grandeurs, titres et droits d'aînesse, à son cadet du second lit.

Le pauvre *trembleur* habita le Mans et y mourut à l'âge de cinquante-neuf ans.

Son savoir, son esprit, sa politesse et sa dignité lui attiraient la considération de sa famille.

Il s'appelait le chevalier d'Elbeuf.

En 1657, deux ans après avoir perdu sa première femme, Charles III contracta alliance avec la fille aînée du duc de Bouillon à qui lui et sa famille ne voulurent jamais, non plus qu'à ses parents, passer la qualité de prince dans le contrat de mariage, malgré le lustre dont brillait alors le célèbre Turenne, oncle et tuteur de la mariée.

Cette demoiselle de Bouillon est celle qui, pendant les troubles de la fronde, se sauva, avec sa mère, par le soupirail d'une cave, et qui, tombée malade de la petite vérole, fut cause de l'arrestation de cette même mère qui voulut la soigner et dont on découvrit la retraite d'où elle passa à la Bastille pour y subir une courte détention.

Mademoiselle de Bouillon devenue duchesse d'Elbeuf, mit au monde beaucoup d'enfants, et, parmi les filles dont plusieurs furent cloîtrées, une, entr'autres, qui serait devenue reine, si, malgré les instances de Turenne, Louis XIV n'eut refusé de la marier au duc d'Yorck, frère du roi d'Angleterre, et héritier présomptif de la couronne.

Cette fille était pourtant en faveur, dame du palais, et occupait à Versailles le bel appartement qui fut plus tard celui de Madame de Maintenon.

Mais aujourd'hui sourire et demain rebuffade.

Les deux fils du second lit de Charles III furent Henri et Emmanuel, successivement ducs d'Elbeuf.

Après la mort de leur mère, il convola et prit pour troisième femme la fille aînée de la maréchale de Navailles qui la laissait mourir de faim.

Comme nécessité fait loi, cette fille se mêlait tant qu'elle pouvait de la dépense, pour grapiller dessus, et se procurer avec sa sœur, un morceau en cachette, quand leur mère dormait.

De ces troisièmes noces, il ne naquit qu'une fille qu'à force d'intrigues les Lorrains de France parvinrent à faire duchesse de Mantoue, maison dont ils étaient naguères ennemis et jaloux.

Rien de plus piquant, dans Saint-Simon, que le récit de cette union de Lorraine et Mantoue, d'une jeune beauté et d'un vieux débauché, union poursuivie et formée par l'ambition, célébrée malgré les deux conjoints, solennisée dans une auberge, contractée malgré les défenses réitérées de Louis XIV, passée dans les soupçons, la défiance, les dégoûts, les querelles, la clôture, l'isolement, les larmes et l'infortune, et dénouée en peu de temps par la mort des deux époux.

La troisième femme de Charles III, connue sous le nom de douairière, quoique brusque en apparence, légère et peu spirituelle, était néanmoins rompue au manége et fut une habile intrigante.

Elle rehaussa ce petit talent par de solides qualités ; le tourbillon du monde ne lui fit pas oublier ses affaires domestiques ; elle y porta l'esprit d'ordre et de sagesse, et, quand la dépense excédait la recette, une retraite dans ses terres de Saintonge lui servait à rétablir l'équilibre.

Elle fut amie de madame de Maintenon qui devait tant à sa grand'mère, et qui lui valut quelque crédit, non sans plusieurs déceptions.

Elle échoua dans beaucoup de prétentions qu'elle affichait à tort pour madame de Mantoue, sa fille.

Elle ne put réussir à lui assurer aucun rang distinctif et essuya refus sur refus.

Ils lui furent d'autant plus amers que sa vanité était plus excessive.

Croirait-on qu'elle avait eu la folie de parler du duc de Berry, petit-fils du roi, comme d'un parti à peine sortable pour cette même fille.

Après de grands désappointements à la cour, elle en éprouva à la ville et jusque dans la rue.

Un jour ayant mis la tête à la portière, pour faire reculer le carosse de madame de Montbazon, elle n'eut que la honte d'une sotte tentative, et resta derrière.

Tout, à Versailles et Paris, se leva contre elle; elle y fut trouvée ridicule et bafouée; le ministre Torcy la fit prévenir de ne pas se commettre à de nouvelle scènes.

Les ayant renouvelées, sans tenir compte de ces avis, elle eut ordre d'aller demander pardon à madame la grande duchesse de Toscane envers qui elle avait manqué d'égards et qu'elle avait insolemment voulu précéder.

Ces mortifications publiques lui furent si sensibles qu'elles la corrigèrent enfin de tout hasarder par gloriole et amour-propre.

Elle prit alors le contre-pied, fit amende honorable, devint attentive à tous devoirs et politesses, accabla chacun de civilités et de caresses, chercha à se faire chérir et fêter, et se réconcilia, en peu de temps, le monde qui bientôt encombra ses salons devenus un brelan public.

La douairière d'Elbeuf mourut en 1717, d'une longue suite de maux qu'elle avait, dit Saint Simon, gagnés de son mari en poussière depuis longtemps.

L'égalité qu'elle avait fuie si ardemment pendant sa vie, même avec ses plus proches, vint, après sa mort, la trouver si complétement que le lieu de sa sépulture est resté inconnu, comme celui du plus humble des mortels.

Second duc et pair, aîné de la maison de Lorraine en France, mais peu éclairé, Charles III fut très vif sur toutes les prétentions qui intéressaient son orgueil et sa fatuité, sa pairie et dignité ducale.

En 1664, il fut un des premiers qui réclamèrent pour qu'on remit les conseillers et présidents du parlement à leur rang d'opiner après le dernier des pairs et des officiers de la couronne, chute sensible à la robe.

Toujours il prit feu sur ses préséances qu'il eut grand soin de maintenir et de défendre avec vigueur; il les avait si à cœur, que nommé chevalier des ordres du roi, il ne voulut jamais se faire recevoir, parce que le duc de Vendôme l'aurait, d'après lui, injustement précédé dans la cérémonie.

Après la paix de Paris, la reine voulut se l'attacher et l'appela au conseil, mais son incapacité le relégua dans ses gouvernements de Montreuil et de Picardie qu'il quittait rarement.

Il suivit son père dans toutes ses pompes, à l'entrée magnifique des ambassadeurs polonais, et à la fameuse cavalcade de la majorité de Louis XIV.

Héritier de ses ressentiments contre le comte d'Harcourt, son frère, il refusa, non seulement d'assister au mariage de sa fille, pour lui cousine germaine, mais il détourna les invités de s'y rendre, malgré que le roi fût de la fête, en quoi il ne se montra ni bon parent, ni bon courtisan.

Nommé aide-de-camp de Louis XIV, il fit, à sa suite, plusieurs campagnes, et eut la jambe cassée au siége d'Ypres, en 1678.

Bien que les serfs d'un seigneur obtinssent du roi liberté, lettres d'affranchissement et de bourgeoisie, de métier et de corporation, et que le seigneur fût tenu de confirmer, le fait de la confirmation n'en était pas moins nécessaire en lui-même; c'est pourquoi Charles III intervint dans l'enregistrement des statuts de 1688, et y donna une adjonction conforme à ses droits féodaux.

C'est, concernant Elbeuf, le seul acte qu'on connaisse de lui qui mourut peu de temps après, en 1692.

Fatigué et rebuté des poursuites nombreuses et acharnées des créanciers de son père mort insolvable, poursuites autorisées par le parlement, Charles III déposa la couronne ducale et céda, en 1684, le duché d'Elbeuf à Henri de Lorraine, son fils aîné du second lit.

Croirait-on que l'auteur de ces dernières lignes est l'écrivain même qui fait acheter, à Charles III, le château d'Elbeuf, en 1690! *Bone Deus!*

Cet écrivain fait aussi visiter Elbeuf, la même année, par le roi Jacques débarqué en Irlande, le 17 mars 1689, et perdant la bataille de la Boyne, le 11 juillet 1690!

Il le fait venir à Elbeuf chercher des partisans et des défenseurs sous le gouvernement absolu de Louis XIV qui avait embrassé sa cause!!!

Est-ce assez d'anachronismes et d'inconséquences?

Voici de Charles III le portrait rimé par Bussy-Rabutin :

Et d'Elbeuf, homme assez profond
Dans la science de la chasse,
Qui remplissait fort bien sa place,
Lorsqu'il appliquait ses efforts
Après quelque grand bruit de cors.
Il nous comptait, pour l'ordinaire,
Tous les faits de son chien Cerbère,
S'il s'était jeté, tout à coup,
Sur quelque cerf ou quelque loup,
Si le chevreuil ou bien le lièvre
Avait eu, ce jour-là, la fièvre,
En se voyant, dessus ses fins,
A la merci de ses mâtins.

HENRI DE LORRAINE, QUATRIÈME DUC D'ELBEUF.

Quoi que cadet, Henri de Lorraine succéda à Charles III, son père, qui avait forcé son aîné d'un premier lit à abdiquer, et à résigner, en sa faveur, tous ses droits et prérogatives touchant le duché d'Elbeuf.

Possesseur dès 1681 ou 1684, par la cession qui lui avait été faite, Henri ne paraît être entré en jouissance qu'en 1692, après la mort de Charles.

Cet Henri est ce jeune d'Elbeuf qui était à côté de Turenne, lorsqu'il fut renversé du boulet qui le tua.

Ce héros aimait tendrement son neveu Henri, prodige de

de valeur à quatorze ans; il saisissait toutes les occasions de le mettre en avant.

Un jour qu'il l'envoya saluer le chef de la famille, M. de Lorraine lui dit :

« Mon petit cousin, vous êtes trop heureux de voir et » d'entendre à tout instant M. de Turenne, c'est votre vrai » père, baisez les pas par où il passe et faites-vous tuer » à ses pieds. »

« Ce pauvre enfant, aujourd'hui désolé de la perte de » son protecteur, se meurt de douleur, dit madame de Sé- » vigné; c'est une affliction de raison et d'enfance, qui ne » se conçoit pas, et à laquelle on craint qu'il ne résiste » pas.

» Le comte d'Auvergne l'a pris avec lui, car il n'a rien à » attendre de son père. »

Le dernier jour de Turenne, Henri l'accompagnait à cheval, mais, comme il voulut, sans escorte, gagner le sommet d'une hauteur, il dit au petit d'Elbeuf :

« Mon neveu, demeurez là, vous ne faites que tourner autour de moi, vous me ferez reconnaître. »

M. d'Hamilton qui se trouva près de l'endroit où il allait, lui dit :

« Monsieur, venez par ici, on tire de ce côté où vous allez. »

« Monsieur, répondit Turenne, vous avez raison, je ne veux point du tout me faire tuer aujourd'hui, ce sera le mieux du monde. »

Il eut à peine tourné son cheval qu'il aperçut Saint-Hilaire, le chapeau à la main, qui lui dit :

« Monsieur, jetez les yeux sur cette batterie que je viens » de faire placer. »

« M. de Turenne revint, et aussitôt, sans être arrêté, il eut le bras et le corps fracassés du même coup qui emporta le bras et la main qui tenaient le chapeau de Saint-Hilaire.

» Ce gentilhomme qui le regardait toujours, ne le voit point tomber ; le cheval l'emporte où il avait laissé le petit d'Elbeuf ; il était penché le nez sur l'arçon ; dans ce moment le cheval s'arrêta, le héros tombe entre les bras de ses gens, il ouvre deux fois de grands yeux et la bouche, et demeure tranquille pour jamais ; il était mort et avait une partie du cœur emportée.

» On crie, on pleure ; M. d'Hamilton fait cesser le bruit et ôte le petit d'Elbeuf qui s'était jeté sur le corps, qui ne voulait pas le quitter, et qui se pâmait de crier.

» On couvre le corps d'un manteau, on le porte dans une haie, un carosse vient, on l'emporte dans sa tente.

» Ses deux neveux y étaient dans l'état qu'on peut penser ; ce fut là qu'eux et beaucoup d'autres pensèrent mourir de douleur, mais il fallut se faire violence et penser aux grandes affaires qu'on avait sur les bras, etc., etc.

» Perdant M. de Turenne, observe madame de Sévigné, » la bonne d'Elbeuf perd tout aussi bien que son fils. »

Après la mort de Turenne, Henri ne renonça pas aux armes, et continua la carrière militaire.

Il passa par tous les grades, servit sous les maréchaux de Lorges et de Duras, ses cousins, et fit, avec eux, les campagnes du Rhin et des Pays-Bas.

Devenu lieutenant-général, il était de tranchée au célèbre siége de Namur, quand les assiégés battirent la chamade; il fit aussitôt cesser le feu, mena les otages au roi et contribua à leur faire obtenir une capitulation honorable.

Il combattit à la sanglante bataille de Neervinden où il accabla le fameux Feuquières de reproches et le couvrit de confusion, l'accusant hautement d'avoir méchamment voulu, par son inertie, compromettre et faire battre M. de Luxembourg, le perdre de réputation, payant ainsi d'ingratitude le bienfaiteur qui cherchait à le remettre à flot, qui l'avait tiré de la disgrâce où il était justement tombé, et qui désormais l'y laissa croupir.

Tout courtisan qu'il était, il n'épargna pas plus la vérité au propre fils du roi, au duc du Maine, qui, dans une autre circonstance, sur l'ordre d'attaquer, temporisa, ne montra ni subordination, ni courage, ni résolution, et laissa échapper l'occasion d'une victoire importante.

Comme la campagne était sur son déclin et les princes sur leur départ, il pria Monsieur du Maine, devant tout le monde, de lui dire où il comptait servir, la campagne suivante, parce qu'il voulait aller où il irait et servir avec lui, n'importe où.

Après s'être fait presser pour donner la raison de sa demande, il répondit :

« Le pourquoi? C'est qu'avec lui on est assuré de sa » vie.

» Ce trait accablant et à brûle-pourpoint, dit Saint-Simon, » fit grand bruit.

» Monsieur du Maine baissa les yeux et n'osa souffler » mot.

» Sans doute qu'il la garda bonne à Monsieur d'Elbeuf, » mais Henri, fort bien avec le roi, et par lui et par les » siens, était d'ailleurs en situation de ne s'en soucier guè- » res. »

Dans ses allées et venues de Paris en Flandre et de Flandre à Paris, Henri, alors qu'il était jeune et vaurien, a été accusé de plus d'une escapade.

Entr'autres tours on lui en a reproché un intitulé la chaise percée du duc d'Elbeuf.

Voulez-vous le connaître, retenez votre haleine et bouchez-vous le nez.

Avant de quitter les chambres des auberges qu'il fréquentait en route, il faisait ouvrir les matelas des lits qu'il avait occupés, lui et ses gens, y déposait, devinez quoi, les faisait parfaitement recoudre et refermer, puis décampait.

Quand les officiers généraux qui le suivaient, venaient, descendus dans les mêmes hôtelleries, à vouloir se coucher, c'était partout une horrible infection qui les chassait de tous appartements, les envoyait passer la nuit à la belle étoile et les privait ainsi de sommeil et de repos.

Alors les hôteliers de gémir, de s'excuser, de jeter les hauts cris, disant ignorer la cause de ces parfums.

De retour à la cour, les victimes racontaient leurs mésaventures, et le duc d'Elbeuf de rire, assurant avoir hanté les mêmes lieux et s'y être très-bien trouvé.

Voilà de ses fredaines, qui ne prouvent chez lui ni délicatesse, ni élévation dans les idées et les sentiments, mais une imagination sale et basse, bien qu'on ait vanté son esprit.

Henri de Lorraine contracta mariage en 1684; son union fut malheureuse; sa femme, quoique spirituelle et ne manquant pas d'agréments physiques, eut à dévorer bien des chagrins; elle se retira du monde où elle ne paraissait jamais, et vécut séquestrée. On y reviendra.

Elle n'eut qu'un fils, le prince d'Elbeuf, officier d'avenir, qui périt à la fleur de l'âge.

Il avait le régiment d'Espinchal, venait d'être nommé brigadier, et se trouvait au siége de Chivas en Italie, quand la mort trancha ses destinées.

Posté, le 25 juin, 1705, à la tête de cinq cents chevaux, derrière un naviglio, avec expresse défense de le passer, il ne put résister à l'envie de combattre trois escadrons ennemis qu'il avisa sur l'autre bord.

Il n'avait pas tout vu; au lieu de trois escadrons, il y avait là quinze cents coureurs.

Après avoir traversé le naviglio, aperçu le grand nombre de cavaliers, triple du sien, et reconnu son erreur, il voulut repasser le canal, mais on ne lui donna pas le temps d'achever; il fut chargé brusquement, soutint vaillamment l'effort avec trois cents chevaux qui restaient autour de lui, et fut tué d'un coup de pistolet.

« Ce fut grand dommage, dit Saint-Simon, par toute l'es-
« pérance que donnait sa jeunesse. »

A la nouvelle de sa mort, il fut célébré, dans toutes les paroisses du duché d'Elbeuf, un service pour le repos de son âme.

La querelle, entre Villequier et Charles III, se renouvela entre leurs descendants et successeurs.

Henri, gouverneur d'Artois et de Picardie, eut à la vider avec le maréchal duc d'Aumont, gouverneur de Boulogne et du Boulonnais.

Elle s'aigrissait de jour en jour, et avait été, plus d'une fois, sur le point de faire mettre, aux deux prétendants, l'épée à la main.

Le gouverneur de Picardie soutenait que Boulogne et le Boulonnais étaient de son gouvernement et le prouvait, parce qu'il était en usage, quand le roi y venait, de lui présenter les clefs de Boulogne et d'y donner l'ordre, même son gouverneur présent, mais il en prétendait mettre son attache aux provisions de ce même gouverneur, et c'est ce qu'on lui disputait.

Le roi enfin jugea l'affaire, et Henri la perdit de toutes les voix du conseil.

Le dépit qu'il en conçut, fut peut-être cause qu'il se détermina, facilement et encore jeune, à céder la survivance de ce gouvernement de Picardie, objet, pour son père et pour lui, de tant de désagréments.

Henri n'était pas aussi jaloux de rangs et d'honneurs que ses ancêtres ; il dédaigna de se faire recevoir pair au parlement, ne suivit qu'avec indifférence tous les procès en préséances, intentés de son temps, ne se mêla de rien, se contenta, avec ses confrères, d'une union plus apparente que réelle, et, au-dessus ou au-dessous de tous procédés, en eut toujours de fort inégaux dans ces contestations.

Cependant, à cet égard, il se querella violemment avec le duc de Vendôme à qui le roi imposa silence d'abord, pour l'exalter ensuite au-dessus du duc d'Elbeuf qui eut à en rabattre.

Henri était plus cupide que glorieux ; son avidité lui a fait commettre plus d'une vilenie.

Un jour il attrapa adroitement quatre-vingt mille livres du roi, en le priant de lui permettre de vendre, pour le prix offert de cent mille écus, le gouvernement de l'Artois, qu'on séparerait de la Picardie et dont on ferait un gouvernement à part.

Le roi qui ne voulait pas de la nouveauté, mais qui, toute sa vie, avait eu un faible pour Monsieur d'Elbeuf, tomba dans le panneau, donna de l'argent, pour adoucir le refus et maintenir le statuquo.

Henri spéculait sur les alliances dont il se faisait entremetteur ; et ce n'est pas sans avoir eu la patte largement graissée qu'il fit épouser Mademoiselle de Noailles au prince Charles d'Armagnac qu'il regardait comme son fils, et dont il était cousin éloigné.

On prétend même qu'après l'avoir marié il ne fut pas étranger au renvoi de sa femme chez son père, parce que ce père, destitué de la place de contrôleur-général des finances, ne pouvait plus étancher sa soif pour l'argent, et que la source de son pactole était tarie.

Nulle part Henri ne tenait ses mains dans ses poches ; gouverneur d'Artois et de Picardie, il les exploitait à merci.

Le duc d'Orléans le considérait et le ménageait, mais il en abusa au point qu'on fut forcé d'y mettre ordre.

Bien aise, dans son audacieuse et insatiable ardeur, d'allonger ses bras et son gouvernement dans le pays de Lalleu voisin de l'Artois, il demanda qu'il y fût incorporé, mais il y perdit son latin ; il eut beau entrer en furie, crier, tempêter, il lui fallut, cette fois, raccourcir ses griffes.

Que d'extorsions n'a-t-il pas commises à Elbeuf !

On n'y pouvait pas exercer l'industrie locale, sans lui payer un tribut de cinq cents francs.

Cette taxe avait été improvisée en un moment ; détresse ou fantaisie, le duc Henri dit un matin à son secrétaire qu'il lui fallait trente mille francs ; après y avoir songé quelques minutes, le complaisant secrétaire répondit qu'il était facile de les lui procurer, qu'il y avait à Elbeuf soixante bourgeois qui se servaient des eaux de ses domaines gratuitement, qu'il n'y avait qu'à leur en faire payer l'usage, cinq cents francs chacun, et que Son Altesse aurait dès le soir les trente mille francs qu'elle désirait.

L'exécution suivit la parole et ne fut pas moins prompte.

Toujours altéré d'argent par suite de ses dépenses et profusions, il eut le front de s'emparer d'un octroi établi au profit du pays par le pouvoir royal.

Les habitants n'osant réclamer, et voulant ravoir cet octroi, leur unique ressource pour les dépenses de la communauté, firent un emprunt de quinze cents livres qui furent versées au duc d'Elbeuf en échange de la perception de l'octroi dont il les avait spoliés.

Pendant trois ans, il respecta le pacte, mais, au bout de ce temps, il reprit l'octroi, sans rendre le prix qu'il en avait touché, et se rendit ainsi coupable de trois vols manifestes et formels.

Il vola les quinze cents francs empruntés pour racheter

l'octroi, il vola la rente due et qui ne fut plus servie aux prêteurs, il vola enfin l'octroi, vol qui à lui seul contenait les trois vols.

Il vola l'octroi, et, dans l'octroi, le gage et la caution de l'emprunt et de ses intérêts.

Ces vols étaient si criants que, plus tard, l'octroi fut restitué à qui de droit, à qui il appartenait.

Lorsqu'en 1699 il voulut, pour la première fois, occuper l'habitation alors nommée Grande-Maison, et depuis remplacée par le château actuel, qui a porté ce nom à dater de sa construction, il se fit donner, pour tendre sa chambre, par la fabrique de Saint-Jean, une tapisserie de haute lice, qui coûta cent soixante-quatorze francs ; Saint-Etienne contribua pour autant, à n'en pas douter, mais on n'a pas la note de l'objet de son offrande.

C'est ainsi que les serfs et manants fournissaient l'ameublement du seigneur, et que la chaumière, dans sa nudité, tapissait le château.

Celui d'Elbeuf fut indubitablement l'œuvre de Henri de Lorraine ; s'il a commencé par habiter la Grande-Maison, il lui a assurément substitué le château actuel; tout le prouve, et la vérité s'en fera irréfragablement sentir à l'article particulièrement consacré à ce château.

C'est aussi Henri qui a bâti celui de la Saussaye, pour une de ses courtisannes dont la postérité subsiste encore aujourd'hui.

Les jardins en furent dessinés par le célèbre Lenôtre, comme ceux du château d'Elbeuf.

Amoureux des écus, Henri l'était aussi du sexe, bien qu'il traitât les deux sans ménagement.

En effet, s'il rendait un culte à la beauté, c'était plutôt pour la compromettre que par adoration.

Il s'avisa et trouva plaisant quelquefois de se montrer empressé auprès de certaines dames, de s'en faire le chevalier, le sigisbé, plutôt pour insulter aux maris que pour rechercher les bonnes grâces des femmes qu'il affichait.

Messieurs de Villeroy et Barbezieux, entr'autres, n'eurent pas à s'en louer.

Ce n'était pas qu'il eut à se plaindre d'eux, mais c'était un homme dont l'esprit audacieux se plaisait à des scènes éclatantes, et que sa figure, sa naissance et les bontés du roi avaient solidement gaté.

Aussi s'en montrait-il obséquieux courtisan, cherchant à lui complaire même aux dépens de sa dignité.

Son insolence à la ville le vengeait de sa bassesse à la cour; cependant il y fut attrappé.

Aîné de sa famille, il en cumulait les honneurs.

Ce fut lui que le duc de Lorraine pria d'épouser pour lui, par procuration, mademoiselle de Chartres, fille de Monsieur, frère du roi Louis XIV.

Cette cérémonie délecta son amour pour les pompes, les fêtes et les grandeurs.

Si on lui donnait d'honorables missions à remplir, son effronterie lui en valut aussi de bien désagréables; ce fut lui qui fut chargé par des pupilles ingrats de congédier, de mettre hors de sa maison un tuteur qui les avait mieux soignés qu'un père.

Il s'attaquait au premier venu.

On disait d'un certain parent du maréchal d'Harcourt, du nom de Thury, homme d'un courage équivoque, à l'œil louche et au maintien de travers, qu'un soufflet que le duc d'Elbeuf lui appliqua à table, avec une épaule de mouton, sans qu'il en fût autre chose, était resté imprimé sur sa mauvaise physionomie.

Henri de Lorraine épousa la nièce de madame de Montespan, l'aînée de son frère, le maréchal de Vivonne, la seule de ses filles, qui ait paru à la cour du temps de la faveur de sa tante.

Le mariage se fit par les soins et sur les représentations continuelles de madame de Maintenon à qui la demoiselle faisait pitié par la peine qu'une certaine fatalité donna pour l'établir.

Rien cependant ne lui manquait, beauté, esprit, agréments ; madame de Montespan qui ne l'aimait pas, ne l'a jamais blâmée que de n'avoir pas l'air assez noble.

Quant à son mari, le duc d'Elbeuf, on sait l'usage qu'il a fait de sa grande naissance, d'un courage qui en était digne, d'une figure aimable, et d'un esprit auquel il ne manquait que de savoir mieux profiter de ces grands et rares avantages de la nature.

Il a passé sa jeunesse à être le fléau de toutes les familles par ses mauvais procédés avec les femmes, et par se vanter de faveurs qu'il n'avait souvent pas reçues.

Comme il n'y avait pas moyen de mettre dans son catalogue celles de madame sa femme, il semble qu'il ait voulu s'en dédommager par les discours qu'il en a tenus, et par une conduite fort injuste à son égard.

Madame de Maintenon conserva, avec le duc d'Elbeuf, une liberté qu'elle avait prise dans la maison de Madame de Montespan, où on ne l'appelait, en badinant, que le goujat, pour marquer la vie qu'il menait et la compagnie qu'il voyait, et elle lui a fait souvent des réprimandes aussi inutiles que bien reçues.

Le roi avait du faible pour ce prince; il lui parlait avec bonté, lui pardonnait ses fautes, et ne lui a presque jamais rien refusé de ce qu'il lui demandait.

Toutefois rien ne l'excuse d'avoir fait le malheur de sa femme que Madame de Montespan, sa tante toute puissante, n'a pas assez soutenue dans ses peines domestiques.

Henri de Lorraine est mort, dans un âge avancé, à Elbeuf où il a résidé les trente dernières années de sa vie; il a été inhumé à la Saussaye.

Quoique ne manquant ni de tact, ni de pénétration, la chronique d'Elbeuf rapporte qu'il y fut dupe d'un chevalier d'industrie, précurseur du magnétisme, en 1727.

EMMANUEL DE LORRAINE, CINQUIÈME DUC D'ELBEUF.

Après la mort de Henri de Lorraine, son héritier fut le prince Emmanuel, son frère, qui devint duc d'Elbeuf et pair de France en 1748.

Destiné à l'Eglise, il porta, dans sa jeunesse, le petit collet, mais sa véritable vocation ne tarda pas à lui faire revêtir le casque et le haubert.

Il servit d'abord comme chevalier de Malte, puis sous le nom de prince d'Elbeuf, titre qu'il prit après la mort de son neveu.

En 1706, après avoir fait bien des personnages différents

et la plupart fort honteux, avoir tiré du roi de l'argent et de la protection, en avoir été traité avec trop de bonté, s'imaginant percer en trahissant, avancer sa fortune par sa félonie, il s'en fut à Milan trouver une de ses sœurs mariée au prince de Vaudemont, bâtard de Lorraine, ennemi de la France et au service de l'Autriche.

Par leur entremise, il fit son marché, déserta, tourna ses armes contre son pays, et le combattit à la tête du régiment que lui donna l'Empereur, prince toujours l'amour, l'espoir et le refuge de la maison de Lorraine.

Ce parjure lui fit faire son procès, et il fut condamné à être pendu en Grève où il représenta en effigie.

Pendant la régence, le peu de patriotisme, la mollesse et la facilité du duc d'Orléans moyennèrent sa rentrée.

Il avait été général de la cavalerie impériale au royaume de Naples, où il avait épousé, en 1715, Marie-Thérèse, fille unique de Jean-Vincent Stramboni, duc de Salza, avec qui il vécut mal et dont il n'eut pas d'enfants.

C'était, d'après Saint-Simon, une manière de brigand, mais à langue dorée et avec beaucoup d'esprit, qui fit tant de frasques qu'il perdit tous ses emplois.

Ne sachant plus que devenir, ni de quoi subsister, il obtint des lettres d'abolition, et revint.

Il mena en France sa vie accoutumée, et, peu à peu, se faufila à Lunéville où il suça le duc de Lorraine tant qu'il put, en tira fort gros et même des terres.

Le duc d'Elbeuf, son aîné, le méprisait et le souffrait avec peine ; les autres membres de sa famille n'en faisaient pas plus de cas.

Devenu veuf, il se remaria à Catherine de Rougé, veuve elle-même de Kerhoeńt, seigneur de Coëtenfao en Bretagne

Sans enfants de ses deux femmes, il vendit le duché d'Elbeuf à un de ses petits cousins, descendant du comte d'Harcourt, fils de Charles Ier, et frère cadet de Charles II, branche d'où sortait Emmanuel.

Paris vit terminer ses jours et fut dépositaire de ses ossements en 1763.

Les arts lui doivent la connaissance de quelques beaux marbres, et l'archéologie la découverte des ruines d'Herculanum ensevelies sous les laves du Vésuve.

Des fouilles qu'il fit faire pour bâtir, révélèrent ces curiosités d'Italie.

Comme il n'est pas rare de voir l'ambition augmenter à mesure que la puissance diminue, les armes des prince de Lorraine, ducs d'Elbeuf, autrement les armes d'Elbeuf, *absolument parlant*, affichèrent, de règne en règne, de nouvelles prétentions de plus en plus orgueilleuses, et tendant toujours à s'accroître.

Voilà quelles étaient, en 1757, *les armes d'Elbeuf*, les armes du duc Emmanuel, armes qui surpassèrent en arrogance celles de ses prédécesseurs :

Parti de trois traits coupés d'un, ce qui forme huit quartiers :

Au premier fascé d'argent et de gueules, qui est de Hongrie ;

Au deux semé de France, au lambel de gueules, qui est de Naples;

Au trois d'argent à la croix potencée d'or, cantonnée de quatre croisettes de même, qui est de Jérusalem ;

Au quatre d'or à quatre pals de gueules, qui est d'Arragon ;

Au cinq et premier de la pointe, semé de France, à la bordure de gueules, qui est d'Anjou ;

Au six d'azur, au lion contourné d'or, armé, lampassé et couronné de gueules, qui est de Gueldres ;

Au sept d'or au lion de sable, armé et lampassé de gueules, qui est de Juliers ;

Au huit et dernier quartier d'azur, semé de croix recroisettées, au pied fiché d'or, et deux bars adossés de même, brochant sur le tout, qui est de Bar.

Sur le tout d'or à la bande de gueules, chargée de trois alérions d'argent ;

Pour brisure, un lambel de gueules sur les quatre quartiers du chef.

Telles étaient les armes d'Elbeuf, *proprement dites*. On voit que ses ducs ne prétendaient à rien moins qu'aux royaumes de Hongrie, de Naples, de Jérusalem et d'Arragon, et qu'aux duchés d'Anjou, de Gueldres, Juliers et Bar.

Les cadets d'Elbeuf, seigneurs d'Armagnac, de Brionne, de Lambesc, ne portaient pas leurs espérances moins haut; ils avaient les mêmes armes, sauf une seconde brisure qui est une bordure de gueules, chargée de huit besans d'or.

CHARLES-EUGÈNE DE LORRAINE, PRINCE DE LAMBESC.

SIXIÈME ET DERNIER DUC D'ELBEUF.

Le successeur du prince Emmanuel de Lorraine, dernier duc d'Elbeuf de la branche aînée, éteinte en sa personne, fut le prince de Lambesc, premier et dernier duc d'Elbeuf, de la branche cadette, dont il a commencé et fini le règne.

Avant de rapporter ce que l'histoire en raconte, il est bon de connaître les auteurs de sa race, au nombre de cinq ascendants.

1° Henri de Lorraine, comte d'Armagnac et baron de Brionne, connu dans le monde sous le nom glorieux de comte d'Harcourt, fils cadet de Charles, premier duc d'Elbeuf,

2° Louis, duc d'Armagnac, grand écuyer de France, fils d'Henri de Lorraine, qui précède,

3° Henri, comte de Brionne, fils de Louis d'Armagnac, qui précède,

4° Louis, prince de Lambesc, fils d'Henri de Brionne, qui précède.

5° Louis-Charles de Lorraine, comte de Brionne, grand écuyer de France, fils de Louis de Lambesc, qui précède.

Quels ont été les faits et gestes de ces cinq ascendants? Une digression nous l'apprendra le plus brièvement possible.

Le premier, Henri de Lorraine, souche de la branche d'Armagnac, baron de Brionne, comte d'Harcourt, fit ses premières armes, comme volontaire, au siége de la Rochelle, et aida de tous ses efforts à repousser les Anglais débarqués dans l'île de Rhé où ils n'avaient pas repris haleine qu'ils en étaient déjà expulsés.

La première fois que le comte d'Harcourt fut appelé à un commandement en chef, il en reçut la commission du cardinal de Richelieu d'une manière piquante, dont les Mémoires du temps ont fait un récit assez dramatique.

Les Espagnols s'étaient emparés des îles de Lérins et incommodaient fort la côte de Provence; le roi Louis XIII voulut les reprendre, et équipa, à cette intention, une flotte considérable.

Prince d'un éminent courage manifesté dans beaucoup

d'occasions, comme volontaire, et en plusieurs combats singuliers, le comte d'Harcourt en fut nommé général.

Il n'avait jamais eu d'emploi, il semblait n'en devoir jamais espérer par la disgrâce où était tombée sa maison dont l'aîné, duc de Lorraine, dépouillé de ses états, était, avec ses frères, au service de l'empereur; ses autres parents ne lui offraient pas plus d'appui.

Le duc de Guise et ses enfants, exilés de France, expiaient en Italie leurs éternels complots.

Le duc d'Elbeuf, son propre frère, était en Flandre à la solde des Espagnols.

Ainsi lui, comte d'Harcourt, le moindre d'une famille proscrite, loin d'avoir à se flatter d'aucun avancement, en était, chaque jour, à redouter de se voir enveloppé dans le malheur qui accablait tous les siens.

Il ne douta plus de sa perte lorsqu'il apprit que le cardinal de Richelieu lui demandait un entretien, voulait lui parler.

Consterné de cette annonce, c'est en tremblant qu'il se rendit à l'entrevue.

Son Eminence lui fit un accueil très-froid, le regarda d'un œil très-sévère, et lui signifia que le roi lui avait commandé de lui déclarer qu'il voulait qu'il sortît du royaume.

Cet ordre ne le surprit pas, il s'y attendait depuis longtemps, toutefois il répondit qu'il n'avait jamais manqué de fidélité envers le roi, rien fait pour mériter un tel traitement, mais qu'il ne laisserait pas d'obéir aveuglément aux commandements de sa majesté.

Le cardinal reprit aussitôt qu'il se préparât donc à partir

au plus vîte, parce que le roi le mettait à la tête de son armée navale, en considération de toutes les qualités qui le distinguaient et du zèle qu'il avait témoigné pour son pays, malgré les méfaits et les revers de sa parentèle.

Alors le comte d'Harcourt embrassa les genoux du cardinal, le proclama son bienfaiteur, le remercia avec attendrissement, lui protesta d'une reconnaissance inaltérable, d'une foi inviolable, courut prendre congé du roi, et alla, sans retard, s'embarquer à la Rochelle, pour remplir sa mission.

Après une descente en Sardaigne, les îles Lérins furent reconquises, d'autant plus glorieusement qu'on avait consacré deux ans à les mettre à l'abri d'une attaque, qu'on les avait approvisionnées de toutes munitions, qu'on y avait construit de nouveaux forts, et que les assaillants étaient moins nombreux que les défenseurs des remparts à emporter.

L'opiniâtreté, la bravoure, avec lesquelles ces îles furent disputées à la valeur française, ajoutèrent encore au triomphe du comte d'Harcourt, fier de les avoir arrachées aux Espagnols qui en voulaient faire en France une nouvelle Espagne, et d'avoir montré faux le mot de cette orgueilleuse nation qui se vantait alors de ne pouvoir jamais être contrainte d'abandonner une seule de ses conquêtes.

Ces succès du comte d'Harcourt le placèrent sur un plus grand théâtre; on l'envoya en Piémont réparer les fautes de ses prédécesseurs.

Il était destiné à y rappeler la victoire; en effet son arrivée y changea entièrement la face des affaires.

Autant on avait eu jusqu'alors à y gémir, autant on eut désormais à s'y réjouir.

La reprise des îles de Lérins lui avait acquis beaucoup de réputation, et lui donna la confiance de l'armée dont on remettait la fortune entre ses mains.

Cette armée conçut de grandes espérances de sa venue et le témoigna par ses acclamations.

Pour ne pas laisser refroidir son enthousiasme, il la passa de suite en revue et la mit en campagne.

Ses premières opérations furent la prise de Quiers et le ravitaillement de Casal, clef de l'Italie.

En revenant de ces deux expéditions et changeant de position, pour obvier à une rareté et difficulté de subsistances, il trouva, à sa rencontre, vingt mille hommes qui lui barraient le chemin, et l'attendaient près d'un ruisseau dangereux à traverser, où ils ne doutaient pas de l'écraser.

Mais le héros les tailla en pièces, quoiqu'il fallût se frayer passage, les armes à la main, défiler en présence de l'ennemi, sous les mousquetades et la mitraille, se battre en arrière et en avant, et qu'on n'eût que neuf mille hommes à leur opposer.

Ces neuf mille Français renversèrent les vingt mille Espagnols, leur passèrent sur le ventre et leur firent essuyer un échec des plus sanglants.

Cette journée, dit un contemporain, s'appela de la route, nom du mauvais pas où se livra le combat; les français y firent des merveilles, vainquirent, contre toute apparence, les Espagnols qui, trois fois plus forts, croyaient en avoir bon marché, et se retirèrent sans rien perdre.

L'Espagne au contraire y perdit grand nombre de tués, et principalement sa réputation qui baissa en proportion que celle du comte d'Harcourt grandissait.

L'année suivante, les Espagnols voulant prendre leur revanche, réunirent de nouvelles troupes numériquement très supérieures à l'armée française et mirent le siège devant Casal.

La possession de cette ville était si importante que le comte d'Harcourt résolut de tout hasarder pour la secourir.

Sans perdre de temps il rassembla son monde, et marcha droit aux lignes des Espagnols qu'il y trouva retranchés très-fortement et avec le plus grand soin.

Il n'y avait pas à hésiter, le premier, le comte d'Harcourt, suivi du célèbre Turenne, saute à cheval toutes les barrières, se jete sur tout ce qui se présente devant lui, tant s'évertue qu'il est obligé de changer trois fois de cheval, d'en laisser un dans la bourbe dont il ne se tire lui-même, qu'en y abandonnant ses bottes, son chapeau et ses pistolets, exécute charges sur charges et parvient enfin à la quatrième à culbuter l'ennemi qui l'avait repoussé jusqu'à trois fois.

Jamais victoire ne fut si complète et si surprenante, car les Espagnols se trouvèrent défaits sans s'en douter, encore dans l'étonnement que le comte d'Harcourt eût osé, avec une poignée de soldats, attaquer une armée considérable comme la leur, et retranchée à tout défier.

Mais les Français qui n'étaient que sept mille, combattirent si généreusement, quoiqu'ils attaquassent dix-huit mille hommes, qu'ils ne doutèrent jamais d'un succès garanti par leur audace et leur confiance.

Cette action vigoureuse encouragea à tenter le siège de Turin que le comte d'Harcourt courut investir, pour profiter de ses avantages, espérant s'en rendre maître avant que les Espagnols fussent revenus de leur consternation.

Il s'y trompa pour sa gloire.

Il prit Turin, mais après des efforts héroïques, qui ont immortalisé son nom.

La garnison en était trop forte pour l'emporter d'un coup de main; les assiégés étaient aussi nombreux que les assiégeants, et leur résistance donna le temps aux Espagnols de recruter et réorganiser leur armée, de manière à oser entreprendre d'assiéger eux-mêmes l'armée qui assiégeait Turin.

Ainsi les Français eurent à se défendre, non seulement contre les sorties venant de Turin, mais aussi contre les assauts de l'armée qui les entourait de tous côtés.

En outre ils ne purent presque plus se procurer de vivres qui ne parvenaient à leur camp que très difficilement et à la pointe de l'épée, qu'après des combats de chaque jour avec les troupes qui les cernaient partout.

Cette situation critique n'étonna pas la vaillance du comte d'Harcourt, n'ébranla en rien sa résolution et ne le détourna pas un instant de son entreprise.

Son courage surpassait et surmontait le danger.

Si les Français souffraient de la disette, Turin était aux abois de la famine.

Les Espagnols qui n'en étaient pas loin, avaient imaginé un singulier moyen d'y remédier; ils écrasaient Turin pour le nourrir; ils remplissaient des bombes de farine et d'aliments de toute espèce, et lui lançaient ces instruments de mort, devenus pour les assiégés des sources de vie et des voies de salut.

Il leur en tomba une entr'autres, restée mémorable, pleine de cailles et de gibier avec un billet doux adressé à une dame de la ville.

Ces ressources toutefois étaient loin de suffire.

Enfin, après quatre à cinq mois de siège et de luttes acharnées, les Français, ayant reçu quelques renforts, battirent à la fois l'armée espagnole, forcée de se retirer, et prirent Turin en proie aux horreurs, aux tourments de la faim et obligé de capituler.

Ce dénoûment d'un siége sur lequel toute l'Europe avait les yeux fixés, porta au plus haut point la renommée du comte d'Harcourt.

En deux campagnes il avait anéanti des forces triples des siennes, refoulé les Espagnols du Piémont, et repris sa capitale.

Il ajouta trois nouveaux fleurons à sa couronne murale, en s'emparant de trois autres villes, Mondovi, Céva et Coni l'imprenable.

Il en fut récompensé par la charge de grand-écuyer.

Recours dans les cas extrêmes, le comte d'Harcourt dont on a dit qu'il ne réussissait que dans les témérités, fut nommé vice-roi de Catalogne, et envoyé dans cette province, pour y rendre aux armes françaises le lustre que la prise de Lérida, écueil de trois généraux français, leur avait fait perdre.

Le premier ennemi qu'il eut à combattre à Barcelonne, fut une femme qui voulait y renouveler les vêpres sicilien nes, et faire égorger tous les français à qui elle reprochait, outre le mal qu'ils faisaient à sa patrie, une foule de coupables indiscrétions envers le beau sexe.

Cette héroïne, dont il serait trop long de raconter la conjuration, échoua dans ses projets, fut arrêtée avec tous ses complices qui furent victimes de ses séductions, tandis qu'on la laissa, elle, chef du complot, échapper au dernier supplice, grâce à ses attraits.

Dans le même temps, le comte d'Harcourt, revenant de la plaine d'Urgel, rencontra, à Liorens, ou Lhorens, près des bords de la Sègre et à la descente d'une montagne, l'armée d'Espagne sur laquelle il se précipita d'abord avec sa cavalerie, et remporta ensuite une éclatante victoire.

Après avoir été comblé des faveurs de la fortune, il en éprouva l'inconstance; un de ses quartiers fut forcé au milieu de la nuit; il vola au secours, eut trois chevaux tués sous lui, mais n'en fut pas moins contraint de lever le siége de Lérida que les Espagnols nous avaient repris.

Rentré en France à la suite de cette disgrâce, les troubles de la fronde ne le firent pas dévier de ses devoirs; il resta fidèle à ses serments et à la royauté.

Nommé gouverneur de Normandie, il en sut empêcher les frondeurs d'y faire des progrès, d'aider leurs amis de Paris et de leur envoyer le moindre secours ; il sut contenir le duc de Longueville dans Rouen, l'y bloquer, pour ainsi dire, affamer cette capitale, préparer sa soumission, et l'amener à désirer et à recevoir une paix nécessaire et bienfaisante.

Le parlement ayant refusé de l'admettre dans la ville, il

s'établit à Ecouis, puis au Pont-de-l'Arche d'où il s'assura de Louviers, de Vernon, d'Andely, du Château-Gaillard, et d'Elbeuf, pour la première fois signalé dans l'histoire et occupé comme poste militaire.

Le courrier burlesque racontait ainsi aux Parisiens la mésaventure du comte d'Harcourt repoussé de Rouen :

Du vingt, le mercredi, nous sûmes,
Par deux lettres que nous reçûmes,
Que le vaillant comte d'Harcourt,
Devant Rouen, demeura court,
Bien qu'aux portes de cette ville,
Il jurât comme tous les mille.

Ce n'est pas qu'on n'ait discuté,
Tout ce qu'il avait proposé,
Et que pendant la conférence,
Il n'ait eu belle patience,
Pour un esprit un peu fougueux,
D'attendre au couvent des Chartreux,
Hors des faux-bourgs de cette ville,
Et de demeurer très-tranquille.

Cependant, d'un consentement,
A commandé le parlement
Qu'on prierait la reine-régente
D'être si bonne et complaisante
De laisser Rouen, tel qu'il est,
Défendre seul son intérêt,
Et qu'ailleurs presserait sa marche

Harcourt qui vint, au Pont-de-l'Arche,
Monté sur un cheval rouan,
Sans avoir entré dans Rouen.

Telles étaient les malices et amusettes de nos bons aïeux.

Les épisodes les plus curieux de la guerre que fit le comte d'Harcourt en Normandie, sont la prise de Quillebeuf, qui resserra encore Rouen déjà bien à l'étroit, et pressé entre le Havre, Elbeuf et Pont-de-l'Arche, la prise de Pont-Audemer, du château du Neubourg, d'Honfleur et surtout la grande occasion de la Bouille, autrement guerre de Moulineaux, où s'enfuit, à toutes jambes, le brave duc de Longueville avec sa cavalerie, laissant, à la merci du comte d'Harcourt, son infanterie dont trois malheureux périrent victimes de la Fronde à qui on fit aussi soixante prisonniers, au moment où, pour se sauver à Rouen, ils s'embarquaient à la Bouille. Voilà notre iliade.

Un Achille de ces combats fut le marquis de Bougy, nom bien connu dans les fastes de la Normandie.

Ces prouesses ayant rendu le comte d'Harcourt maître de la campagne, il fit insulter les faubourgs de Rouen, et y inspira tant de frayeur que tous les habitants en déguerpirent, et qu'il fallut des fortifications pour les faire rentrer dans leurs demeures.

Rôdant de tous côtés aux environs de Rouen, le comte d'Harcourt aurait pu à cette époque séjourner à Elbeuf, s'il y avait eu une résidence princière quelconque, mais il n'en est mention nulle part.

Au bout de quelques mois de discordes civiles, l'ordre

se rétablit, et la fidélité du comte d'Harcourt fut gratifiée du gouvernement d'Alsace, en échange de celui de Normandie, rendu au duc de Longueville, et du bénéfice de l'abbaye de Royaumont, devenue sa sépulture, et celle de ses descendants.

La paix ne fut pas de longue durée ; les menées de la duchesse de Longueville en Normandie, après l'arrestation des princes, en vinrent à un tel point qu'il n'y eut plus moyen de l'y souffrir, et que le roi et la reine-régente, sa mère, firent un voyage à Rouen, pour l'en chasser.

Le comte d'Harcourt accompagnait Leurs Majestés et commandait le camp volant, chargé de rappeler à l'obéissance les places qui avaient fait mine de vouloir s'y soustraire.

Il n'eut qu'à paraître, pour ranger sous ses lois le Pont-de-l'Arche, Caen, Cherbourg, Granville, le Havre et Dieppe un moment ébranlés.

Redevenu gouverneur et fait grand bailli, le comte d'Harcourt, surnommé comte de Happe-Tout, cumula alors les plus hautes dignités de la province, dignités que, comme plusieurs autres, il ne conserva pas longtemps, ce qui faisait dire qu'il prenait tout et rendait tout.

Chargé de conduire les princes de Condé, Longueville et Conti, du Château de Marcoussis à la citadelle du Havre, il s'acquitta de cette commission avec déplaisir, et bien qu'il eût juré de la rejeter, mais son ambition, le soin de sa fortune et le désir de faire sa cour l'emportèrent sur sa répugnance.

Le grand Condé eut beau le chansonner, il n'en fut pas

moins rigoureusement incarcéré avec toutes les précautions nécessaires.

Si le couplet fit fureur, les succès que le comte d'Harcourt obtint bientôt en Guyenne contre son auteur qu'il battit en toutes rencontres, le vengèrent et au-delà.

Le couplet, quoiqu'improvisé, est assez bien tourné pour être cité :

Cet homme, gros et court,
Si connu dans l'histoire,
Ce grand comte d'Harcourt.
Tout couronné de gloire,
Qui secourut Casal et qui reprit Turin,
Est maintenant recors de Jules Mazarin.

Bafoué en refrains, le comte d'Harcourt ne le fut pas moins en estampes dont tout Paris fut inondé.

Revenu à la cour, il figura à la pompeuse cavalcade de la majorité de Louis XIV.

Il marchait après les maréchaux de France et les grands officiers de la couronne, était seul à son rang, et, comme grand écuyer de France, portait l'épée du roi, attachée à son baudrier et dans son fourreau de velours bleu, semé de fleurs de lis d'or, qu'il relevait sous son bras.

Il était vêtu d'un pourpoint de toile d'or et d'argent et d'un haut de chausses, plein de broderies semblables, monté sur un cheval de bataille, gris-pommelé, en housse de velours cramoisi, garnie de passements d'or, à points d'Espagne et chiffres de même, ayant, au lieu de rênes, deux écharpes de taffetas noir.

Les pages en grand nombre, en costume étincelant, avec force plumes *blanches*, *bleues et rouges*, etc., etc., suivaient le comte.

Alors apparaissait le roi, etc., etc.

Sous ces fêtes couvait un incendie ; la seconde guerre civile allait éclater.

Le prince de Condé, voulant tout dominer, tenir le haut du pavé à Paris, régenter le Luxembourg et le Palais-Royal, et n'y réussissant pas à son gré, ne tarda pas à se retirer en Guyenne, pour y commencer une guerre qui devait le rendre tout puissant, et qui le jeta hors de son pays, à la merci de l'étranger, terrible épreuve pour un prince du sang.

Le comte d'Harcourt, nommé gouverneur de Guyenne, lui fut opposé, et reçut ordre de lui faire évacuer cette province.

Il remplit parfaitement sa mission, le chassa de Cognac, s'empara des tours de La Rochelle, le poussa de Tonnay-Charente à la Bergerie, de la Bergerie à Romette, de Romette à Talmont, de Talmont à Saint-Andras où la fortune seule le sauva, prit Barbezieux, lui fit lever le siége de Miradoux, le mit en fuite à Staffort, lui prit quatre cents cavaliers au Pergan, l'accula à Agen, recouvra Saintes, rasa Taillebourg, et ne lui laissa que la ressource de retourner à Paris où Turenne acheva sa perte.

Jusqu'ici la gloire du comte d'Harcourt a été pure et sans tache, mais nous arrivons au temps où, issu de la maison de

Lorraine, il devait payer tribut à ce sang essentiellement ambitieux et félon.

Mécontent de la cour qui, selon lui, ne payait pas ses services à leur valeur, ne le traitait pas selon ses mérites, le laissait s'endetter, mettre ses meubles et sa vaisselle en gage pour la subsistance de sa famille, il s'aventura, à son tour, dans la rébellion, lui qui jusqu'alors avait réprimé celle des autres brouillons.

Le mauvais pas où il s'engagea, lui donna bien de la peine pour s'en tirer, et il eut à se repentir de s'être laissé tenter, et d'avoir déserté de l'armée qu'il commandait et qu'il abandonna misérablement en Guyenne.

Maître de Brisach par une triple trahison où l'honneur de deux dames se trouva fort compromis et mêlé à des intrigues avilissantes, il crut pouvoir se faire de l'Alsace une principauté indépendante, ou rançonner la cour à discrétion.

Dans ce double but il assiégea Béfort dont la prise le rendit possesseur de trois places importantes, Brisach qu'il devait à la trahison, Philisbourg dont il était gouverneur, et Béfort qu'il avait conquis.

Nanti de ces trois forteresses, il ne mit plus de bornes à ses prétentions.

Toutefois il y eut du mécompte dans son calcul; des traîtres avaient fait sa fortune, des traîtres firent sa ruine.

Sur l'avis que le comte d'Harcourt traitait avec l'Empereur, pour lui vendre les places dont il disposait, un officier de la garnison de Philisbourg, la fit révolter contre lui, lui enleva cette ville, et la rendit à la France à la grande satisfaction du cardinal Mazarin dont il était l'agent mercenaire.

Cette déconvenue changea la position du comte d'Harcourt, et empêcha son marché avec l'Empereur.

Par suite essaya-t-il de joindre l'Alsace à la Lorraine? Ce n'est guères probable.

Quoi qu'il en soit, la Cour, voulant le réduire au plus vite, envoya, contre lui, le maréchal de Laferté qui prit Béfort, Thann et Enchisheim.

Serré de près, le comte d'Harcourt demanda une trève qui lui fut concédée pour traiter, après avoir donné l'assurance qu'il voulait rendre obéissance au roi.

La convention fut bientôt conclue, le roi, n'oubliant pas ses anciens services, lui accorda amnistie, reçut Brisach de ses mains, le réintégra dans Philisbourg et dans le gouvernement d'Alsace, plus tard échangé contre celui d'Anjou, resté dans sa famille tant qu'elle exista.

C'est ainsi qu'il ternit la fin de sa vie si brillante à son aurore.

Le comte d'Harcourt fut envoyé en ambassade, en 1645, auprès de Cromwel, pour en obtenir la vie et la liberté du roi d'Angleterre, Charles Ier, qu'il ne put arracher à son affreuse destinée.

Créature des cardinaux de Richelieu et Mazarin, le premier lui dit, à l'article de la mort : « Recevez mes adieux, monsieur d'Harcourt, vous allez perdre un grand ami. »

Le second eut souvent besoin de ses bons offices ; c'est lui qui protégea sa fuite, lorsque, se dérobant de Paris, il se réfugia à Saint-Germain et de là dans les Ardennes, pour échapper à toutes les haines conjurées contre lui.

Il le sauva aussi un jour du poignard d'assassins qui lui auraient ôté la vie dans son carosse, sans la présence du comte d'Harcourt que mademoiselle de Montpensier appelle le plus brave et le plus généreux des hommes.

Il eut avec l'abbé de Retz, depuis archevêque de Paris, et cardinal, un duel bien ridicule et bien honteux pour l'abbé, s'il eut su rougir; c'étaient deux spadassins.

Une de ses petites-filles épousa le duc de Cadaval assis sur les marches du trône de Portugal ; elle avait été élevée à Notre-Dame de Soissons, abbaye patrimoniale.

Le comte d'Harcourt avait, comme tous les grands seigneurs, un régiment à lui, en propriété.

Né en 1600, il mourut en 1666, après avoir été marié deux fois; il est inhumé à Royaumont, fondation de Saint-Louis.

Il eut trois fils qui ont représenté à la cour de Louis XIV, le duc d'Armagnac, le comte de Marsan et le chevalier de Lorraine.

Entr'autres sobriquets, le comte d'Harcourt est très-connu dans le monde sous celui de Cadet la Perle, soit par ce qu'il portait une perle à l'oreille, soit qu'il fût la perle de sa lignée, ou la perle de ses cadets.

Le prince de Lambesc, dernier duc d'Elbeuf, eut pour second ascendant qui fut son trisaïeul, Louis de Lorraine, comte, puis duc d'Armagnac, comte de Charny, de Brionne, vicomte de Marsan, grand écuyer de France, charge devenue héréditaire dans sa branche et qui lui échut en 1666, après la mort du comte d'Harcourt, son père.

La première aventure qui fit parler de lui dans le monde, ne fait pas honneur à son esprit.

Osant désirer plaire à une dame de haut parage, qu'un de ses frères a depuis été accusé d'avoir empoisonnée, il imagina de lui écrire.

Il l'essaya, ne s'en trouva pas le talent et crut tout simple de prier messieurs de Sens et de Luxembourg de lui faire la lettre qu'il ne pouvait rédiger lui-même.

Ces messieurs, après s'être divertis de ses ingénuités, prévinrent la princesse de ses extravagances, et en reçurent ordre de lui enjoindre de renoncer à ses folles prétentions.

Louis de Lorraine épousa en 1660, Catherine de Neuville Villeroy, fille du maréchal de ce nom, gouverneur de Louis XIV.

Elevé avec ce roi, il vécut avec lui, pour ainsi dire, intimement, en obtint presque tout ce qu'il voulut, des dons et libéralités sans nombre pour lui et ses enfants, jusqu'à des assignations sur des revenus d'archevêchés, sur l'impôt des litières, etc., etc.,

En fut-il reconnaissant, il n'y paraissait pas à son langage, car, s'il maudit un jour une famille, ce fut celle même de son bienfaiteur, du roi Louis XIV, jusque dans les salons de Marly, où il commit cette incartade d'abondance de cœur et impunément.

On rit beaucoup, à la cour, à l'occasion d'une discussion qu'il eut avec le roi sur les préséances.

Ayant insisté, le roi lui fit comprendre qu'il le voulait ainsi.

Sur quoi le duc d'Armagnac dit plaisamment : « C'est juste, sire, le charbonnier est maître dans sa maison. »

Altier et arrogant dans ses relations civiles et sociales, il était sous le joug de ses domestiques qui étaient, eux, parvenus à le mâter et subjuguer, constraste qui n'est pas rare.

Quoique homme de peu de sens, il avait, dans les sentiments, beaucoup de noblesse, de grandeur, et un admirable désintéressement qu'éprouvèrent tous ceux de sa famille, qui eurent, avec lui, des intérêts à démêler.

Ses procédés étaient toujours, en affaires, ce qu'il y avait de plus délicat et magnanime.

Courtisan plus que personnage historique, on ne sait quelques faits de sa vie que par Saint-Simon.

Sa femme fut donnée à madame de Savoie, pour l'accomgner jusques dans ses états, et, quant à lui, un de ses emplois publics fut d'être envoyé au devant de la reine d'Angleterre, pour la recevoir à Beaumont.

La duchesse d'Armagnac mourut en 1707; on a d'elle plusieurs portraits.

Madame de la Fayette qui la gourmande d'avoir employé le peu d'esprit qu'elle avait à faire du mal, dit qu'elle était d'une beauté à ravir tous les yeux d'admiration, que, si, pendant qu'elle fut fille, sa conduite avait laissé à désirer, dès qu'elle fut mariée, sa circonspection devint exemplaire.

C'était, avec une vilaine taille grosse et courte, la plus belle femme de France, jusqu'à sa mort à soixante-huit ans, sans rouge, sans rubans, sans dentelles, sans or ni argent, ni aucune sorte de parure, vêtue en noir ou de gris en tout temps, en habit troussé comme une sage-femme, une cornette ronde, ses cheveux lisses, sans poudre ni frisure, un collet de taffetas noir, et une coiffe courte et plate chez le roi comme chez elle et toujours.

Elle avait été dame du palais et exilée pour intrigues avec la comtesse de Soissons et quelques jeunes gens de la cour.

Son mari, quoi qu'en faveur, n'avait jamais pu adoucir le roi qui la vit toujours avec déplaisir.

Elle était orgueilleuse, fière, entreprenante, peu spirituelle et sans manége, se faisant écouter des ministres et de leurs Egéries, passant sa vie à mener le plus grand train de la cour, peu jalouse de la faire, très réservée sur les visites, tout occupée de son intérieur, également avare et magnifique, faisant ce qu'elle voulait de son mari qui ne se mêlait ni d'affaires ni de dépenses, de rien et elle de tout despotiquement.

Elle tirait durement et impérieusement la quintessence de ses biens et de ses fonctions, de sa charge et de son gouvernement, étrillant ses enfants comme des nègres et leur refusant tout, à l'exception de ses filles dont la beauté l'avait apprivoisée, et pour qui elle fut un peu trop indulgente, ayant conservé et mérité, elle-même, toute sa vie, une réputation sans ombres sur la vertu.

Avide au dernier point, elle perdit son fils l'abbé et le fit enfermer, parce qu'il voulait du moins partager, avec elle, les revenus de ses bénéfices qui étaient fort gros, ne pas les lui laisser toucher en entier, et dépendre d'elle comme un enfant.

La figure du mari n'a pas été moins bien dessinée que celle de la femme.

Monsieur le grand-écuyer, dit un de ses peintres, s'est rendu considérable par le superbe état qu'il a tenu toute sa vie, par son crédit prodigieux et constant auprès du roi, par les manières si supérieures avec lesquelles il s'est comporté dans le monde.

Du reste c'était un seigneur sans aucun autre esprit qu'un long usage de la cour et de la société, gâté par sa faveur et la sottise de ses adulateurs, très bon homme, ayant une âme élevée et généreuse, fort poli avec discernement, encore plus hautain, et le dernier de sa maison qui ait porté, jusqu'à la fin de sa vie, la grandeur dans toutes ses prétentions qu'on lui passait grâce à sa somptuosité et magnificence, grâce à une table et à des salons toujours ouverts à l'élite du beau monde qui, soir et matin, pouvait y goûter le double plaisir du plus grand jeu et de la meilleure chère.

Le contrariait-on, il devenait en face brutal et sans ménagement, ne retrouvant d'aménité qu'en présence du roi devant qui seul il se prosternait, toutefois d'une manière si basse et avec des flatteries si fades et si excessives qu'elles en étaient dégoûtantes.

Jamais il ne mit le pied chez aucun ministre, conserva, avec chacun d'eux, toute sa hauteur, en fut craint et ménagé, et les traita tous de clerc à maître.

Les plus puissants, les plus attitrés, les Louvois, les Seignelay, en étaient réduits, avec lui, à se faire un mérite d'aller chez lui, et au-devant de tout ce qui pouvait lui plaire, ce qu'il recevait, quoique poliment, avec des façons de supériorité, qui semblaient faire sentir que ces prévenances lui étaient dues.

Il était dangereux de choquer ses opinions et ses sentiments.

La mort le surprit à Royaumont, abbaye dont son père et lui avaient fait leur maison de plaisance.

Il succomba à 77 ans, à l'âge et de la maladie du feu roi.

Ce prince, dont il fut, pendant quarante ans, un des favoris, l'accueillit toujours de la manière la plus distinguée, la plus flatteuse et la plus affectueuse.

Il fut redevable de tant de prédilection à certains charmes qui séduisaient le roi, à certaines grâces naturelles, à un très noble et très beau visage, à un goût exquis pour la galanterie, la danse, tous les exercices, les modes du jour, à une assiduité infatigable, à une adoration perpétuelle, à un air de grandeur, qu'il ne déposait jamais avec personne, le roi seul excepté, devant lequel il semblait ramper comme par accablement des rayons de ce soleil resplendissant.

Il avait su ployer même les princes du sang, bien plus les enfants naturels du roi, aux plus grands égards, à la plus grande considération pour lui, et à une sorte d'égalité de maintien avec eux chez lui-même.

Il ne servit dans les armées qu'à la suite du roi et se fit, auprès de lui, un grand mérite de l'accompagner partout et de ne s'en séparer nulle part.

Soit en descendant, soit en remontant l'arbre généalogique de la famille, le troisième ascendant du prince de Lambesc, dernier duc d'Elbeuf, fut son bisaïeul, Henri de Lorraine, comte de Brionne, chevalier de l'ordre, grand écuyer de France, fils aîné du duc d'Armagnac précité.

Le comte de Brionne débuta dans le monde par un duel éclatant avec un sire de Hautefort qui voulut venger un cruel outrage fait à une de ses sœurs.

Il fut blessé par Hautefort qui lui laissa son épée dans la cuisse.

A ce malheur vint s'en joindre un autre ; le parlement informa et Brionne fut mis à la Bastille pour quelques mois.

Malheureux bretteur, il n'était pas plus habile courtisan.

Dans un carrousel mémorable, donné par Louis XIV, le fils du roi, Monseigneur, emporta d'abord sept têtes à la course, et on se flattait qu'il avait gagné le prix, lorsque le comte de Brionne fut assez innocent, dit la chronique, pour les emporter toutes huit.

Si c'était preuve d'adresse, ce n'était pas pour faire sa cour assurément.

Envoyé au Pont-Beauvoisin, de la part du roi, pour y recevoir la princesse de Savoie, destinée en mariage au duc de Bourgogne, il prétendit être, comme le duc de Savoie, traité d'Altesse dans l'acte de remise.

Plutôt que de le rendre l'égal de leur maître, les agents du duc de Savoie exclurent son nom du procès-verbal, pour n'y point donner d'altesse au comte de Brionne, qui, sans satisfaire sa vanité, eut ainsi l'art d'offenser le duc de Savoie et de mécontenter le roi de France, en s'attirant encore le ressentiment de la jeune princesse.

Nul et incapable partout, sa vie ne fut que mésaventures.

Premier écuyer de la grande écurie, à peine en peut-il faire les honneurs au duc de Lorraine venu pour la voir.

Une dame daigne-t-elle lui sourire, il en use avec un tel éclat qu'il oblige le mari à la confiner pour toujours à la campagne.

Investi des fonctions de grand écuyer, il n'en fit jamais la charge ; comptés pour tout dans cet emploi, ses valets y tranchent en maîtres, et n'en font cas pour rien.

Le Dauphin vient-il à mourir, sa mort le prend au dépourvu et le trouve en désarroi.

Sa femme est morte une des plus malheureuses victimes qui aient souffert, sans l'avoir mérité.

Il n'excellait qu'à une chose, à la danse où son talent brillait à le rajeunir, à faire oublier son âge, ne faisant pas mentir le dicton : Lorrains beaux danseurs.

Saint-Simon en fait, en quatre mots, un panégyrique curieux.

Après avoir parlé d'un charcutier qui s'était élevé par son mérite, il ajoute :

« Il mourut en ce même temps un homme de meilleure
» maison, mais d'un génie qui se fut borné aux jambons,
» s'il fût né d'un père qui en eût vendu. »

Ce fut le comte de Brionne, accablé d'une longue suite d'apoplexies.

Il était chevalier de l'ordre de 1688, et le premier danseur de son époque, quoique médiocrement grand et assez gros.

C'était un assez honnête homme, mais si court et si plat que rien n'était au-dessous.

On ne le voyait jamais que dans les lieux publics de cour, et chez lui il ne voyait personne.

Sa famille ni personne ne le considérait dans son office.

Son père qui lui avait fait donner autrefois ses survivances, venait comme de le forcer à se démettre de sa charge pour son frère et de son gouvernement pour son fils.

Ce père qui n'était pas tendre, disait qu'il buvait tout son bon vin, et le trouvait fort mauvais.

Aussi n'eut-il pas la peine d'avoir à se consoler de sa perte.

Considéré dans sa jeunesse, comme le meilleur parti de France par sa naissance et par les établissements de son père, le comte de Brionne, après avoir manqué une alliance avec mademoiselle de la Marck, comtesse de Brienne, réputée, pour la fortune, le plus grand des trésors, épousa la fille du marquis d'Epinay-Duretal, riche héritière de Bretagne; de deux enfants qu'elle eut, il ne resta qu'un fils, Louis de Lorraine-Armagnac-Brionne, prince de Lambesc, qui suit.

Ce premier Lambesc fut grand père de notre Lambesc, dernier duc d'Elbeuf.

Il fut gouverneur d'Anjou, chevalier de l'ordre et lieutenant-général des armées royales.

Il devint, à dix-sept ans, l'heureux époux de la fille aînée du duc de Duras, belle comme le jour, très bien faite, d'une tournure ravissante, et riche à millions, dit Saint-Simon.

Comme tout n'est qu'heur et malheur en ce monde, le prince de Lambesc, peu de mois après son mariage, fut fait prisonnier de guerre à la bataille de Malplaquet.

Échangé plus tard, il prit part au combat de Denain qui sauva la France.

Sous la régence il fut nommé pour accompagner l'ambassadeur musulman, et lui faire les honneurs de la cour et de la ville.

Il mourut jeune, en 1745, et eut, pour successeur, son fils, Louis-Charles de Lorraine, qui, né en 1725, fut père du second prince de Lambesc, petit-fils du premier dont il vient d'être parlé, et dernier duc d'Elbeuf.

Ce Louis-Charles de Lorraine, qualifié de prince, fut comte de Brionne et Charny, pair et grand écuyer de France, chevalier des ordres du roi, maréchal des camps et armées de Sa Majesté, gouverneur et lieutenant-général de la province d'Anjou, gouverneur particulier des ville et château d'Angers, sénéchal héréditaire de Bourgogne.

Il fut tué à la chasse en 1761, après avoir acquis le duché d'Elbeuf du prince Emmanuel, duché qui passa à son fils, Charles-Eugène de Lorraine, second prince de Lambesc et dernier duc d'Elbeuf.

Charles-Eugène de Lorraine eut pour mère Louise-Julie-Constance de Rohan-Montauban, mariée, en troisièmes noces, au comte de Brionne, Louis-Charles de Lorraine.

Tutrice honoraire de son fils, sa sollicitude de mère, ses fonctions et sa surveillance de tutrice l'ont appelée et fait venir à Elbeuf où ses manières lestes et dégagées et son esprit ont laissé des souvenirs encore vivants.

Quand elle y séjournait, ou qu'elle y passait pour se rendre à Brionne, il lui est arrivé plus d'une fois de ne pas habiter le château; elle descendait dans une maison du Glayeul, chez un M. Lefebvre, le premier maire qu'Elbeuf ait eu, après avoir acheté des charges municipales.

Son arrivée était toujours l'occasion de fêtes et de réjouissances nombreuses, qui ne cessaient qu'à son départ.

Se mettant à l'aise avec ses vassaux, les bons bourgeois d'Elbeuf, elle les admettait à sa toilette, leur ouvrait son boudoir, y recevait leurs hommages, pendant qu'on disposait ses mouches, qu'on la frisait, poudrait, pommadait et fardait, se livrait volontiers, avec eux, à la conversation où sa langue, dit-on, s'est émancipée quelque fois.

Pour récompenser M. Lefebvre de ses brillantes réceptions, son fils entra dans la maison du prince de Lambesc, et devint un de ses officiers, sous le nom noble de Malembert.

C'est celui qui, ayant tout perdu et n'ayant plus d'espoir, a été trouvé expirant dans la forêt, et accusé de s'être fait sauter la cervelle, au commencement de la révolution de quatre-vingt-neuf.

Quant au père, il est mort retiré au Montprélat dans les Rouvalets.

La comtesse de Brionne fut réputée pour sa beauté et son esprit également célébrés dans les mémoires du temps.

Chez elle était le rendez-vous de la société la plus recherchée, qui y était attirée par son urbanité, l'aisance de ses manières et par l'affabilité la plus séduisante.

C'était une distinction que d'en recevoir une invitation,
[illegible] ent estimés heureux.

[illegible] eut lieu à sa table, amusa tout Paris, et

devint, pour la révolution naissante, une arme, un trait acéré contre les vieilles institutions.

La princesse s'était crue obligée d'engager à partager son repas, un certain gentilhomme breton, natif de Saint-Malo, personnage singulier, si taciturne qu'il ne faisait jamais de questions, et répondait à peine par des monosyllabes à celles qu'on lui adressait.

Pour avoir raison de son silence, la comtesse de Brionne n'imagina rien de mieux que de défier un familier de la maison, le chevalier de Courten, commandant des gardes-suisses, de le faire parler.

Le chevalier accepta le défi, se plaça à côté de l'original et lui fit à dessein les honneurs du festin.

— Quel potage voulez-vous? — Riz.

— Quel vin buvez-vous? — Blanc.

Dix interpellations pareilles eurent des réponses semblables.

Le chevalier commençait à se décourager, quand il réfléchit qu'il réussirait peut-être mieux en parlant à notre homme de son pays.

— Monsieur vous êtes de Saint-Malo? — Oui.

— Est-il vrai que cette ville est gardée par des chiens? — Oui.

— Parbleu! c'est bien singulier!.... Pourquoi? — Ce n'est pas plus singulier que de voir le roi de France gardé par des Suisses.

Le chevalier en eut assez et ne chercha plus à faire parler l'hôte de la comtesse de Brionne qui gagna son pari.

Notre princesse était admise chez madame Geoffrin si

connue par ses compagnies lettrées, était un des ornements de ses salons et faisait partie d'un des cercles de ses soupers.

Le groupe en était petit, et composé de trois femmes et d'un seul homme.

Les trois femmes, assez semblables aux trois déesses du Mont-Ida, étaient la belle comtesse de Brionne, la piquante marquise de Duras et la jolie comtesse d'Egmont.

Leur Pâris était le prince Louis de Rohan, etc., etc.

Quant à la comtesse de Brionne qui avait peu de rivales pour les appas, si elle n'était pas Vénus même, ce n'était pas que, dans la régularité parfaite de sa taille et de tous ses traits, elle ne réunît tout ce qu'on peut imaginer, pour définir ou peindre la beauté idéale.

De tous les charmes, un seul lui manquait, sans lequel il n'y a point de Vénus au monde, et qui était le prestige de madame d'Egmont ; c'était l'air de la volupté, etc.

Pour les lectures, c'était à dîner, de fortune chez madame de Brionne, que l'on se rassemblait.

Il n'y avait de conviés que l'esprit, le goût, les grâces et la beauté qui étaient seuls juges de l'ouvrage et du lecteur.

Aussi pas un trait, tant soit peu fin ou délicat, qui ne fût vivement senti et applaudi ; le silence indiquait ce qu'il y avait à retoucher, corriger et réformer.

Telle était la société au milieu de laquelle fut élevé le second prince de Lambesc, dernier duc d'Elbeuf, Charles-Eugène de Lorraine, pair, grand écuyer de France, gouverneur et lieutenant-général pour le roi, en la province d'Anjou, gouverneur particulier des villes et château d'Angers, sénéchal héréditaire de Bourgogne.

Grand écuyer à dix ans, en 1761, il fut duc d'Elbeuf à douze ans, en 1763, colonel à vingt-deux ans, chevalier de l'ordre à vingt cinq ans, brigadier à trente ans, maréchal de camp à trente-sept ans.

Il avait en propriété un régiment, le Royal-Allemand.

Quoique prince, son éducation militaire fut la même que pour un simple gentilhomme ; il était sous-lieutenant à la suite d'un régiment, sous les ordres d'un colonel, officier de fortune, vieilli dans les grades inférieurs, et qui les avait tous acquis par ses services.

Cet officier savait à merveille contenir la turbulence et humilier la vanité de la jeunesse dorée qu'il était appelé à instruire.

Ainsi très-souvent, aux grandes manœuvres, devant un public nombreux, il se plaisait à traiter cavalièrement les plus grands seigneurs de France, leur parlant en ces termes :

« Monsieur le duc de Fleury, monsieur le prince de Lambesc, monsieur le comte de Matignon, vous manœuvrez comme des étourdis ; je vous enverrai à l'ombre mûrir vos cervelles. »

Et, en même temps, s'adressant à d'anciens cavaliers devenus officiers, il leur disait :

« Monsieur Carré, monsieur Créplot, monsieur Roger, vous avez fort bien exécuté mes ordres ; on voit que vous savez commander comme obéir. »

Voilà comme il relevait les humbles et abaissait les superbes.

Le prince de Lambesc a été accusé d'avoir tué un vieillard, en voulant faire évacuer le jardin des Tuileries.

La narration d'un contemporain, témoin de la scène, ferait croire qu'il a été calomnié.

C'est ainsi qu'il rapporte l'évènement :

« Une foule s'amassait dans la place Louis XV, et le tu-
» multe allait croissant.

» Pour le dissiper, on fit avancer quelques troupes.

» Leur commandant, le baron de Besenval, s'y était ren-
» du avec une compagnie des gardes suisses; le prince
» de Lambesc vint l'y joindre à la tête de cinquante dra-
» gons du Royal-Allemand.

» La présence des troupes, trop peu nombreuses pour
» lui imposer, acheva d'irriter le peuple; il se mit à les
» insulter.

Elles méprisèrent ses clameurs, mais, assaillis à coups de pierre, dont quelques uns furent blessés, les dragons perdaient patience, lorsque Besenval ordonna au prince de faire un mouvement pour refouler la foule vers les Tuileries.

» Ce mouvement se fit avec tant de mesure que personne n'en fut ni renversé, ni froissé.

» Ce ne fut qu'en sortant du jardin, qu'au moment de la retraite des dragons, que fut blessé légèrement, et de la main du prince, un forcené qui s'obstinait à lui fermer le pont tournant.

» Aussitôt dans Paris se répandit le bruit d'un massacre de citoyens dans le jardin des Tuileries où couraient, assurait-on, les dragons de Lambesc à cheval, le sabre à la main, et le colonel à leur tête, égorgeant les vieillards, écrasant les enfants, renversant les femmes enceintes, ou les faisant avorter de frayeur.

» C'est ainsi que l'esprit de parti travestissait l'accident qui venait d'avoir lieu. »

Dénoncé à la suite de cette mésaventure, le prince de Lambesc se retira en Allemagne d'où il rejoignit l'armée de Condé, dont il ne quitta les rangs que quand elle fut licenciée.

Tout ce qu'il a fait, les armes à la main, contre la France, étant plus à blâmer qu'à louer, doit être passé sous silence.

Si on veut connaître les titres dont il se qualifiait en Allemagne, les voici :

Charles, Eugène, prince de Lorraine et de Lambesc, général de cavalerie, capitaine des gardes allemandes de l'empereur, colonel de cuirassiers, chevalier de la Toison-d'Or, commandeur de Marie-Thérèse, chevalier des ordres du Saint-Esprit et de Saint-Louis, résidant à Vienne en Autriche.

Le prince de Lambesc n'a eu d'enfants d'aucun de ses deux mariages.

Il avait un frère, le prince de Vaudemont, qui, par sa conduite à Elbeuf, n'y a pas laissé bonne renommée ; après l'en avoir fait sortir, il lui interdit même d'y revenir.

C'est le prince de Lambesc qui restitua l'octroi volé par Henri, son prédécesseur.

Désireux de ne perdre aucun de ses revenus, il s'occupa beaucoup, en 1779, de recouvrer la sergenterie de l'eau, perdue pendant sa minorité, sur la partie de la Seine dont il était seigneur.

Les jardins du château lui durent de notables agrandissements et embellissements.

Il est mort à l'étranger, après avoir magnanimement ratifié, révalidé, sanctionné toutes les ventes nationales de ses propriétés, et refusé de rentrer en France, et dans toutes ses dignités.

La retraite du prince de Lambesc en Allemagne fut suivie de la perte de son château saisi et vendu par la révolution triomphante, comme tous ses autres domaines.

Ce château, après bien des vicissitudes, après avoir passé aux mains de M. de Toustain, devenu possesseur comme créancier d'un acquéreur surnommé le prince Canelle, de la couleur rouge dont ses instincts révolutionnaires le portaient à se vêtir, ce château fut enfin acheté et parfaitement restauré par M. Turgis, d'Elbeuf, bien digne, par la noblesse de ses sentiments, d'habiter cette demeure ducale. On en jugera par sa nécrologie.

Entre ceux de nos concitoyens dignes d'hommages, qui en mériterait mieux que celui dont le nom n'éveillerait dans les cœurs qu'un souvenir doux et touchant, le souvenir d'une bonté adorable, d'un dévouement absolu, dont le nom béni, si justement consacré par la reconnaissance, revéré même de l'indifférence, ne se prononcerait pas sans attendrissement, dont la tombe, malheureusement ouverte, exciterait tant de regrets si sincères et si profonds?

C'est à ces titres irrécusables qu'il nous sera permis d'honorer la carrière d'un homme de bien, carrière hélas! trop tôt terminée.

Vous ne nous démentirez pas, vous, tous, qui souffrez, qui êtes dans la détresse ; je n'en veux d'autre témoignage que votre affliction qui sera en même temps le plus bel éloge du bienfaiteur dont la mort vous ravit l'aide et la consolation.

La perte que la société vient de faire dans la personne de M. Pierre Turgis d'Elbeuf, est une de celles qui ne se réparent pas, et qui, laissant un vide qu'on ne peut combler, se font longtemps sentir; nulle ne saurait être plus douloureuse pour tous ceux qui ont eu le bonheur de l'approcher, de le connaître et de l'apprécier.

Sur qui ne s'épanchèrent pas ses sentiments affectueux?

Quelles ne furent pas l'excellence et l'élévation de son âme?

Quel homme sut mieux vivre avec lui-même et avec les autres?

Sans un ennemi, qui ne fut son ami?

Pour goûter cette félicité, ne lui a-t-il pas fallu posséder un fond inépuisable de mansuétude et de cordialité, un trésor de modération et de sagacité?

Qui fut, non seulement meilleur essentiellement, mais meilleur dans tous les instants, dans toutes les occurrences, au milieu des surprises, des contrariétés, des déceptions, dans tous les accidents de la vie, meilleur envers et avec tous? Qui fut plus sensible, plus secourable, plus indulgent, plus compatissant?

Comme il eut toutes les qualités du cœur, c'est aussi le cœur qui lui donne des larmes, qui le pleure autant qu'il sut lui-même aimer et se faire aimer.

Né avec des penchants nobles, généreux, bienfaisants, quelles vertus morales, privées et civiles, n'a-t-il pas pratiquées, avec d'autant plus de perfection qu'elles ont, toutes, été, chez lui, vivifiées par une religion sainte, par une piété héréditaire, c'est-à-dire par ce qui fait fleurir toutes les vertus?

Chaque jour sa pensée s'élevait vers Dieu ; c'est en s'inspirant de son amour qu'il s'en pénétrait pour ses semblables.

Son bonheur consistait dans celui des autres.

Si ce n'est l'unique, en est-il de préférable, de plus réel?

Faire des heureux, n'est-ce pas le vrai moyen de l'être.

Il a souvent prévenu le désir, et n'a jamais manqué au besoin?

Pour faire plaisir, rien ne lui coûtait ; il n'y épargnait rien, s'oubliait lui-même, se privant même d'un repos nécessaire, pour le procurer aux autres.

Y avait-il impossibilité? Contraint alors de s'abstenir, que d'obligeance ne mettait-il pas dans ses refus? Encore le bien qu'il ne pouvait opérer, ne cessait pas d'être, pour lui, une étude et une espérance.

Souhaiter son crédit donnait droit d'en user.

De niveau avec tout le monde, qui ne se trouvait à l'aise avec lui?

Mettiez-vous sa complaisance à l'épreuve, qui paraissait

l'obligé? N'était-ce pas lui? On eut dit d'une dette qu'il aurait été réjoui d'acquitter.

C'est à des dispositions si engageantes, si propres à charmer, non moins qu'à la pleine sécurité qu'inspiraient son expérience, sa pénétration, sa parfaite loyauté, son extrême délicatesse, que sont dus tant de bons offices qu'on réclamait, à tous moments, de sa gracieuseté.

D'un commerce sûr et facile, commode et fidèle, il n'est pas de secrets qu'on n'ait déposés dans son sein.

La confidence qu'il avait reçue, il la mettait au plus haut prix. Inviolable et sacrée à ses yeux, il la couvrait d'une discrétion aussi inébranlable que le zèle qu'il apportait au succès qu'on s'en promettait.

Combien de fois, dans l'ombre et le silence, combien de fois, à qui ne l'a jamais su, ne s'en est pas même douté, n'a-t-il pas sauvé des désagréments imprévus, inévitables sans son intervention spontanée; il cachait tous ses bienfaits, loin de s'en prévaloir. Qui que ce soit il ne l'aurait desservi ; et, au milieu de nous, on compterait ceux qui ne lui ont pas quelqu'obligation.

Que de différends n'a-t-il pas accommodés! que decontestations n'a-t-il pas assoupies! que de transactions n'a-t-il pas cimentées! Pour y réussir il savait parler à chacun sa langue, se façonner, se plier à tous les caractères, s'identifier à toutes les positions, y subordonner sa marche et ses voies.

Adonné, tout entier, au soin d'accomplir son ministère de conciliation, un tact exquis lui en facilitait l'exercice, et lui faisait clairement distinguer quels étaient, dans ce but, les écueils à éviter, les concessions à obtenir, les moyens de persuasion à employer, les réflexions à suggérer, les conséquences à développer, les erreurs et les illusions à dissiper, les ménagements à observer, les passions à calmer, les dispositions salutaires à féconder, les sympathies à raviver.

Aussi n'était-il pas de torts dont il ne parvînt à faire revenir ceux qui d'abord en étaient le moins convaincus, et eût-il souvent la double satisfaction de rapprocher les cœurs et les intérêts.

Avec quelle vivacité, quelle justesse de coup-d'œil ne saisissait-il pas le nœud d'une affaire, ses principaux éléments, ses points capitaux, son importance et sa portée !

Considéré, par ses concitoyens, comme un bon génie, un ange tutélaire, ils l'avaient, en quelque sorte, investi d'une magistrature privée, qu'il ne cessait d'exercer, à leur prière, pour accorder leurs prétentions opposées.

Arbitre de leur prédilection et par leur choix, c'était, pour tous, un amiable compositeur qu'on écoutait moins comme juge que comme ami : la déférence y avait plus de part que l'autorité. Dans ces augustes fonctions il avait surtout pour guides un sens droit, un esprit judicieux et la maturité d'un jugement sain ; il y suivait principalement les principes de l'équité naturelle, fortifiée des intentions les plus pures et des scrupules d'une conscience timorée.

Il rencontrait à propos de ces tendres paroles qui apaisent les animosités, font tomber les défiances et ramènent la raison égarée.

Aussi sa justice ne manqua jamais ni d'entrailles, ni de discernement. Consulté comme un oracle, il était assez humble, pour vouloir, lui-même, s'entourer de conseils, et pour chercher, dans les autres, les lumières qu'ils trouvaient en lui.

Partout où il pouvait s'éclairer, il aimait à en profiter. Il proposait ses vues avec une circonspection qui disposait en leur faveur ; celles des autres, il les traitait comme des enfants d'adoption, se plaisait à en faire ressortir les avantages, et leur donnait, sans détour, un suffrage flatteur.

Ce qui s'éloignait le plus de ses idées particulières n'en était pas moins de sa part l'objet d'un examen attentif et d'un concours plausible : il scrutait tout sans injustes préventions et sans étroits préjugés.

Cet homme qui a eu l'art d'étouffer tant de contentions, de rallier tant de dissentiments, a encore possédé le talent plus rare, peut-être, d'avoir su éviter tous démêlés personnels dans toutes les phases de son existence.

Il n'a été redevable de cette bonne fortune qu'à ses sages conceptions.

Il ne se figurait pas que, dans ses propres causes, on pût avoir recours à un tribunal autre que celui du for intérieur, qu'on eût besoin que d'autres eussent de la raison pour nous, qu'on ne sût pas se rendre justice à soi-même, suivre les inspirations d'une stricte probité et faire à autrui ce que nous voudrions qu'on nous fît.

Qu'à sa manière de penser à cet égard on joigne son abnégation, sa condescendance, sa facilité, son accortise naturelle envers ceux à qui il avait affaire, et on imaginera aisément que ses jours se sont écoulés au sein de la concorde et de la paix.

Qui, plus que lui, s'est montré, toute sa vie, jaloux d'une réputation nette et intacte? Qui en a plus joui? Qui a été environné de plus de considération si justement acquise, si sagement conservée?

Il était digne de ne connaître pour loi que l'honneur qui fut constamment la règle de sa conduite.

Sa parole faisait foi; qui ne s'y fiait aveuglément? Une confiance expansive et magnanime, qu'il témoignait aux autres, la faisait naître en eux.

Le mot de fraternité dont on a tant abusé, n'était pas, pour lui, un mot creux et décevant, une enseigne mensongère, un programme trompeur; c'était un sentiment, une aspiration de son cœur et de sa croyance : tout ce qui émanait de lui en portait l'empreinte.

Dans la quantité d'affaires litigieuses qu'il a maniées, il eut, sans doute, beaucoup de difficultés à surmonter, de ressentiments à combattre, de déboires à essuyer, de caprices même à subir, mais ce ne fut, pour lui, que des obstacles : il ne se rebuta jamais, ayant toujours fait abstraction de sa personne, et n'ayant tenu compte, en tout, que du bien à effectuer.

Quel levain lui est-il resté, quelles traces a-t-il gardées des dégoûts qu'il aurait éprouvés?

Vous tous qui en avez pu juger, répondez.

Ami et interprète de la vérité, il n'y a pas d'exemple qu'il lui ait dénié sa voix.

Tout en l'insinuant doucement, il en affrontait les périls; et si, se proposant de persuader, non d'aigrir, il avait égard à de chatouilleuses susceptibilités, ces habiles tempéraments empêchaient seulement son courage de rester infructueux.

Quoique d'une opinion franche et prononcée, malgré la constance et la fermeté de principes bien connus, il n'est pas d'inimitiés politiques que sa droiture et sa bonté n'aient conjurées, d'adversaires qu'elles n'aient désarmés.

Plusieurs d'entr'eux y furent même sensibles au point de lui vouer une immuable amitié.

Qui ne se sentait attiré vers lui comme par enchantement? Toute diffamation était proscrite de ses lèvres qui ne s'ouvraient que pour pallier et disculper, il se respectait lui-même autant qu'il respectait les autres.

Sa retenue dans la conversation était d'autant plus grande qu'elle répondait à sa pureté de mœurs irréprochables. Loin de se permettre le moindre écart, il n'en aurait pu souffrir aucun en sa présence où on n'a jamais offensé ce qui devrait toujours être sacré pour les hommes.

Sa sollicitude s'étendait à tout; il se multipliait, en quelque sorte, pour suffire à ses emplois.

Chef d'une manufacture importante, qui revendiquait une surveillance assidue, attestée d'ailleurs par des succès, et par les plus honorables encouragements, des médailles et la décoration, il n'en accepta pas moins, sans prestige et sans engoûment, toutes les charges où il crut pouvoir être utile, et en remplit les devoirs jusqu'au scrupule.

Il n'y a que la députation dont il se soit excusé, malgré des chances certaines, et les instances réitérées de tous les partis; il fit des députés et ne voulut pas l'être.

Membre de la chambre consultative, il fut aussi un des

premiers juges qui inaugurèrent le tribunal de commerce d'Elbeuf.

Il en restaura et commanda la garde nationale ; c'est sur son invitation qu'elle revêtit l'uniforme, et d'après ses vœux que se forma sa belle compagnie de pompiers. Il fut ainsi le premier qui nous assura contre l'incendie.

Un citoyen capable, comme lui, d'un complet renoncement à soi-même, capable de s'immoler au service public, n'est pas une faveur dont on ait fréquemment à se féliciter.

Combien de temps et avec quelle vigilance paternelle n'a-t-il pas présidé soit aux destinées, soit à la création des divers établissements érigés, par une bienfaisance intelligente, pour adoucir et soulager la misère humaine, l'un où l'indigence et le dénûment sont assistés et secourus, l'autre où les malades, traités et guéris, trouvent encore compatissance et consolation, celui-ci où la veillesse est recueillie, soignée, pourvue et défrayée, celui-là où la jeunesse est reçue, cultivée avec tendresse, et nourrie du lait de la religion, de la morale et l'enseignement !

Les avantages solides, que la société peut retirer de cette dernière institution, lui étaient précieusement chers.

Il savait que l'instruction est l'arbre de la science du bien et du mal, que, selon sa direction, elle dégrade l'homme ou constitue sa grandeur, redresse ou égare l'esprit, déprave ou purifie le cœur, irrite ou amortit les désirs, éteint ou enflamme les passions, fait des sages et des chrétiens, ou des tantales et des ambitieux qui ne rêvent qu'à troubler le monde, et le rendent victime de leur envieuse et orgueilleuse frénésie.

Voilà pourquoi il souhaitait voir si pures les sources de l'éducation publique.

Il y a, autant qu'il était en lui, contribué comme conseiller municipal et d'arrondissement, comme maire, comme membre du conseil du département, fonctions que lui conféra et où il sut se conserver l'estime générale.

Ces deux dernières furent de plus, pour ses administrés, une occasion de lui prouver leur attachement et leur reconnaissance.

C'est à la vive expression de ces sentiments qu'il dût, d'abord d'être maintenu à la tête de sa commune pendant la tourmente que souleva la révolution de février qui fut loin d'avoir le même respect pour la plupart des administrateurs de l'époque, et ensuite d'être élu, à l'unanimité de ses concitoyens, membre du conseil général, quand, épuisé de veilles et de labeurs, sa santé l'obligea de déposer l'écharpe et de songer à la retraite.

Si cette récompense était flatteuse, ses services n'étaient pas moins éminents.

Quels ne furent pas ceux dont Oissel lui fut redevable! Maire, il en bannit la discorde et y rétablit l'union; il y fonda une police active, sauvegarde de la règle et de la salubrité, y dispensa la justice sur un tribunal de paix, et s'efforça, dans les limites du possible, de subvenir à ce qui lui faisait défaut.

Il obtint d'y construire une école, lui assura la possession d'une maison commune, ne se préoccupant jamais que de l'utilité publique, but constant et motif unique de ses plans et de ses institutions.

Quelle ne fut pas, au milieu d'embarras inextricables, lorsque survinrent les tempêtes et les troubles civils, quelle ne fut pas sa diligence à ouvrir et organiser, dans cette localité populeuse, de nombreux travaux, pour parer aux immenses difficultés d'un chômage universel, calamité qui entraînait, à sa suite, les plus pénibles et les plus fâcheuses extrémités !

Ce n'est qu'avec un mal indicible, qu'au prix des plus grands sacrifices, de démarches, de sollicitations et d'efforts incessants, qu'il parvint, au centre de la pénurie et de la pauvreté, à se créer des ressources extraordinaires, et qu'il put occuper et faire subsister toute une population désœuvrée et affamée.

Il rentrait quelquefois, le cœur navré, et il eut désespéré, s'il n'eut placé sa confiance plus haut que la terre.

Ses anxiétés lui enlevaient même la consolation qu'il aurait eue de voir les malheureux, à qui il avait consacré sa vie, le bénir et le vénérer, malgré l'effervescence des têtes, le dérèglement des esprits, et que toutes notions fussent confondues.

Entr'autres particularités, deux traits dénotent manifestement combien les ateliers nationaux, sous son patronage, étaient touchés de ses soins dévoués.

Des émissaires ayant été envoyés pour leur distribuer des bulletins anarchiques, ils les congédièrent après avoir reçu et déchiré leurs billets, en s'écriant : Allez, allez, nous votons comme M. Turgis. Quelques jours après, un des mêmes travailleurs, vivement ému, lui ayant dit, dans un élan de naïve gratitude : Vous êtes si bon que nous irons, tous, à votre enterrement, ce ne fut aussitôt qu'une exclamation de ses camarades : Oui, oui, nous irons, tous, à votre enterrement !

Attendri jusqu'aux larmes, et, en même temps, se prenant à sourire de cette scène inattendue, il les remercia infiniment de leur affection, les priant toutefois de se donner patience.

Aurait-il cru, hélas ! les ajourner à si courte date ?

Au nombre des bienfaits dont il avait à louer la Providence, celui d'une heureuse alliance ne fut pas le moins grand.

Marié jeune, la douceur qu'on ressent de devoir beaucoup à ce qu'on aime, resserra les liens d'une union d'autant plus aimable (on sympathise aussi par ne pas se ressembler), d'une union d'autant plus aimable que les inclinations, quoique différentes, s'harmonisaient par le même goût pour la vertu, et par une estime réciproque, qui ne souffrit aucune atteinte, double mérite rare dans tous les temps.

D'autres dons, dont il fut doué, sont également à priser.

La sérénité de son front, son regard caressant, la suavité de son sourire, l'agrément de ses manières, l'affabilité de son accueil, la courtoisie de ses procédés, le liant de son caractère libre, ouvert, naturel, sans rien d'apprêté, l'aménité de son humeur jamais inégale, toujours bienveillante, sans aspérités, sans sécheresse, son air tout à la fois digne et modeste, l'onction de sa parole remplie d'effusion, toutes ces grâces, qu'il réunissait au suprême degré, charmaient tous les rapports qu'on avait avec lui, et rendaient sa société délicieuse.

C'était un de ces prédestinés qui font chérir la nature humaine, et en font pressentir une divine.

Tel fut l'homme dont nous déplorons la mort.

C'est plein d'espoir en la miséricorde infinie qu'il a terminé sa vie bien digne de finir par un sentiment de confiance.

22 février 1854.

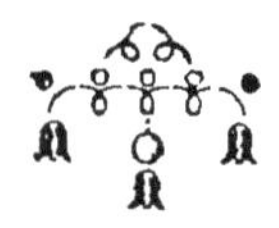

TABLE DES MATIÈRES.

Louviers, Typ. de Mlle Boussard et Frère.

www.ingramcontent.com/pod-product-compliance
Ingram Content Group UK Ltd.
Pitfield, Milton Keynes, MK11 3LW, UK
UKHW022052190726
13855UKWH00002B/485

9 782013 029643